ふくしま式「小学生の必須常識」が身につく問題集

この問題集《もんだいしゅう》の特長《とくちょう》

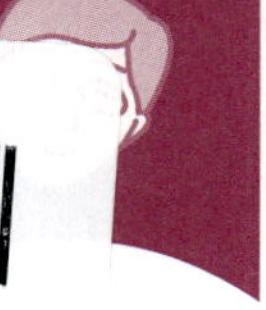

え！それ、本当《ほんとう》に知《し》らないの？

「それ、本当《ほんとう》に知《し》らないの？」

毎日《まいにち》そう言《い》わざるを得《え》ないほど、子《こ》どもたちは無知《むち》です。そして困《こま》ったことに、自分《じぶん》が無知《むち》であるということをも、知《し》りません。いわば、「無知《むち》の無知《むち》」の状態《じょうたい》です。自《みずか》ら次々《つぎつぎ》と本《ほん》を読《よ》み、分《わ》からないことを積極的《せっきょくてき》に調《しら》べるような姿勢《しせい》でいるならば、無知《むち》は解消《かいしょう》されていきますが、残念《ざんねん》ながらそのような積極性《せっきょくせい》に欠《か》けるケースも珍《めずら》しくありません。この本《ほん》は、そんな子《こ》どもたちに救《すく》いの手《て》を差《さ》し伸《の》べる一冊《いっさつ》であると言《い》えます。まず、無《む》知《ち》を知《し》る。そして、それをきっかけに、次《つぎ》のステップへ進《すす》む。その手助《てだす》けとして、この本《ほん》をぜひ活用《かつよう》してください。

知識《ちしき》を広《ひろ》げるための、絶好《ぜっこう》の入門書《にゅうもんしょ》

常識《じょうしき》・知識《ちしき》は無限《むげん》にあります。ですからもちろん、この本《ほん》にその全《すべ》てが載《の》っているわけではありません。しかし、この本《ほん》には、どのような視点《してん》を持《も》てばさらに知識《ちしき》を広《ひろ》げていけるのか、そのヒントが詰《つ》まっています。問題《もんだい》を解《と》き、マルつけが終《お》わる。それが、知的世《ちてきせ》界《かい》を拡大《かくだい》していくスタートラインになる——そのための工夫《くふう》が、随《ずい》所《しょ》に盛《も》り込《こ》まれています。

共感《きょうかん》の声《こえ》、続々《ぞくぞく》！

これまで多《おお》くの場《ば》で、私《わたし》は、常《じょう》識《しき》の必要性《ひつようせい》を説《と》いてきました。その都度《つど》、読《よ》む力《ちから》・書《か》く力《ちから》、すなわち思考力《しこうりょく》の基盤《きばん》になる常識《じょうしき》の大切《たいせつ》さについて、共感《きょうかん》を得《え》てきました。この本《ほん》の刊行前《かんこうまえ》、ネット上《じょう》で内容《ないよう》を少《すこ》し紹介《しょうかい》した時点《じてん》で、次《つぎ》のような感想《かんそう》も届《とど》きました。「子《こ》どもたちの知識《ちしき》の盲点《もうてん》を突《つ》く内容《ないよう》、感心《かんしん》しました。これきっと、受験問題《じゅけんもんだい》にも出《で》ます（中学受験塾講師《ちゅうがくじゅけんじゅくこうし》）」。受験《じゅけん》という目標《もくひょう》のためにも、そして、日々《ひび》の生活《せいかつ》を豊《ゆた》かにするためにも、この本《ほん》が必《かなら》ずや、お役《やく》に立《た》てることでしょう。

さあ、さっそく、最初《さいしょ》の一歩《いっぽ》を踏《ふ》み出《だ》しましょう！

ふくしま式《しき》「小学生《しょうがくせい》の必須常識《ひっすじょうしき》」が身《み》につく問題集《もんだいしゅう》

目次《もくじ》 contents

Part3 視野《しや》を広《ひろ》げるための常識《じょうしき》

本文イラスト／福嶋行成
本文デザイン／村崎和寿

こんなにも常識《じょうしき》のない子《こ》どもたち

ある日《ひ》、私《わたし》は次《つぎ》の文《ぶん》について授業《じゅぎょう》していました。

「六回表《ろっかいおもて》のホームランが試合《しあい》の流《なが》れを変《か》えた。」

この「流《なが》れ」とはどういう意味《いみ》か。それが問《と》いでした。

なかなか答《こた》えを出《だ》せず、つまずいている子《こ》がいます。答《こた》えは「展開《てんかい》」。たしかに、少《すこ》し難《むずか》しいかもしれません。

ところが、その子《こ》は、実《じつ》はそれよりももっと〝前《まえ》〟の段階《だんかい》でつまずいていたのです。

その子《こ》は、私《わたし》にたずねました。

「あの……、六回表《ろっかいおもて》って何《なん》ですか。」

私《わたし》は耳《みみ》を疑《うたが》いました。野球《やきゅう》を知《し》らないのです。

周囲《しゅうい》の子《こ》にも挙手《きょしゅ》を求《もと》めたところ、なんと、ほかにもいました。よく知《し》らないという子《こ》が。聞《き》けば、彼《かれ》らは、野球自体《やきゅうじたい》プレイしたこともないし観戦《かんせん》したこともない（実地《じっち》でもテレビでも）、と言《い》います。むろん、テレビではある程度《ていど》、野球中継等《やきゅうちゅうけいとう》が目《め》に入《はい》っているのでしょうが、意識的《いしきてき》に見《み》てはいないということなのでしょう。

女子《じょし》だけではありません。男子《だんし》にも複数《ふくすう》いました。野《や》球《きゅう》はよく知《し》らない、という子《こ》が。

こんなことでよいのでしょうか？

よいはずがありません。

冒頭《ぼうとう》の文《ぶん》については、「六回表《ろっかいおもて》」だけでなく「ホームラン」についても、今一《いまひと》つ理解《りかい》できていない子《こ》がいました。

これでは、「流《なが》れを変《か》えた」の言《い》いかえ練習《れんしゅう》どころではありません。**具体的《ぐたいてき》イメージ**が、まったくわいていないのですから。

このように、常識《じょうしき》を前提《ぜんてい》とした文章《ぶんしょう》、常識《じょうしき》がないと意《い》味《み》をつかめない文章《ぶんしょう》は、いくらでもあります。

その一方《いっぽう》で、親《おや》や教師《きょうし》は、「この子《こ》は、その程度《ていど》の常《じょう》識《しき》は持《も》っているはずだ」と思《おも》い込《こ》んでいます。

というより、疑《うたが》おうとしません。

しかし、私《わたし》は、そこを日々《ひび》疑《うたが》い続《つづ》けています。

「もしかして、○○を知《し》らない人《ひと》、いる？」

私《わたし》の授業《じゅぎょう》では、こういう確認《かくにん》が頻繁《ひんぱん》に行《おこな》われています。

そのたびに私《わたし》は思《おも》うのです。

この子《こ》たちに、「常識《じょうしき》」を与《あた》えてあげたい、与《あた》えなければならない、と。

こうして、この本《ほん》が生《う》まれるに至《いた》ったのです。

常識《じょうしき》とは？　知識《ちしき》とは？

ここで、常識《じょうしき》とは何《なに》かということを考《かんが》えておかなければなりません。

常識《じょうしき》とは、一般《いっぱん》の人間《にんげん》が当然《とうぜん》に持《も》つべき知識《ちしき》・判断《はんだん》のことです。たとえば、「赤信号《あかしんごう》では止《と》まらなければならない」というのは、当然《とうぜん》に持《も》つべき知識《ちしき》・判断《はんだん》です。

ただし、この「判断《はんだん》」のほうは、やや主観《しゅかん》が入《はい》る場合《ばあい》もあります。たとえば、「家《いえ》に入《はい》るときは靴《くつ》を脱《ぬ》ぐべき」「図書館《としょかん》では静《しず》かにすべき」などというのは、常識的判《じょうしきてきはん》断《だん》ではありますが、客観的《きゃっかんてき》な「事実《じじつ》」であると表現《ひょうげん》することはできません。こういう類《たぐい》の常識《じょうしき》、すなわち意見《いけん》や判断《はんだん》は、時代《じだい》・地域《ちいき》・年齢《ねんれい》・性別《せいべつ》・立場《たちば》・職業等《しょくぎょうとう》によって微妙《びみょう》に変化《へんか》します。この本《ほん》では、そういった変化《へんか》の余《よ》地《ち》が残《のこ》る常識《じょうしき》よりも、なるべく変化《へんか》の余地《よち》が残《のこ》らない、「事実《じじつ》」に近《ちか》い常識《じょうしき》を集《あつ》めました（91ページは例外《れいがい》）。

事実《じじつ》に近《ちか》い常識《じょうしき》。

それが、いわゆる「知識《ちしき》」です。

「赤信号《あかしんごう》は止《と》まるべき」という以前《いぜん》に、「その色《いろ》を赤《あか》と呼《よ》ぶ」という部分《ぶぶん》。

言《い》ってしまえば、「名前《なまえ》」です。

その対象《たいしょう》につけられた名前《なまえ》を知《し》ること。

これが、あらゆる「判断《はんだん》」の前提《ぜんてい》となるわけです。

そもそも、「識《しき》」という字《じ》には、「しるし」という意味《いみ》があります。

「それが何《なん》であるか」を明確《めいかく》にし、類似《るいじ》した他《た》の存在《そんざい》と区別《くべつ》し分《わ》けるための記号《きごう》。それが「しるし」であり、「名前《なまえ》」であり、「知識《ちしき》」なのです。

他《た》と「識別《しきべつ》」するための「標識《ひょうしき》」ということですね。

山道《やまみち》に咲《さ》くその青紫色《あおむらさきいろ》の花《はな》が「トリカブト※」という名《な》であると知《し》っているかどうかは、生死《せいし》を分《わ》けます（※猛《もう》毒《どく》の植物《しょくぶつ》）。名《な》を知《し》らなければ、判断《はんだん》はできないわけです。

そして、名《な》を知《し》るということは、世界《せかい》を広《ひろ》げることでもあります。

日本語《にほんご》では「米《こめ》」「稲《いね》」「ご飯《はん》」などと複数《ふくすう》の名《な》を持《も》つそれを、英語《えいご》では通常《つうじょう》、単《たん》にrice《ライス》と表現《ひょうげん》します。稲作《いなさく》文化《ぶんか》の日本《にほん》では、それについての世界《せかい》がアメリカなどよりも広《ひろ》がっていると言《い》えるでしょう。

もっと単純《たんじゅん》な話《はなし》、「アメリカ」「フランス」「中国《ちゅうごく》」「インド」などといった国《くに》の名前《なまえ》を何《なに》も知《し》らなければ、それらは単純《たんじゅん》に「外国《がいこく》」という一《ひと》つのくくりになってしまうでしょう。それらの名前《なまえ》を知《し》らない人《ひと》にとっては、アメリカもフランスも中国《ちゅうごく》もインドも〝存在《そんざい》しない〟のです。彼《かれ》にとって、そこには「外国《がいこく》」しか存在《そんざい》しません。

他《た》と区別《くべつ》するための名前《なまえ》を知《し》るということ、すなわち知識《ちしき》を持《も》つということがいかに大切《たいせつ》であるか。

お分《わ》かりいただけましたか。

最近《さいきん》の教育界《きょういくかい》では、「知識《ちしき》の詰《つ》め込《こ》み」などと批判《ひはん》し知《ち》識《しき》を軽視《けいし》する向《む》きがありますが、とんでもないことです。

知《し》らなければ知《し》らないほど、世界《せかい》は狭《せま》くなる。
こんなに痛《いた》ましいことはありません。
知《し》れば知《し》るほど、世界《せかい》が広《ひろ》がる。
こんなに素晴《すば》らしいことはありません。

なぜ、「常識《じょうしき》」が思考力《しこうりょく》の土台《どだい》となるのか？

少《すこ》し違《ちが》う角度《かくど》から考《かんが》えましょう。

「大人《おとな》になる」とは、どういうことでしょうか。

それは、一《ひと》つには、「抽象的《ちゅうしょうてき》思考《しこう》ができるようになる」ということを意味《いみ》します。

スポーツはなぜ人《ひと》を勇気《ゆうき》づけるのか。友《とも》だちとはどういうものか。はたまた、正義《せいぎ》とは何《なに》か。こういったことを考《かんが》えられるのが、「大人《おとな》」です。

子《こ》どもは10歳前後《さいぜんご》からそういう思考《しこう》がグンとできるようになります。中学受験《ちゅうがくじゅけん》などでも、そういう思考力《しこうりょく》（抽《ちゅう》象化力《しょうかりょく》）こそが試《ため》されるわけです。

そのときに欠《か》かせないのは、実《じつ》は、具体化力《ぐたいかりょく》です。

スポーツはなぜ人《ひと》を勇気《ゆうき》づけるのかを考《かんが》えるとき、「たとえば野球《やきゅう》では……」と具体化《ぐたいか》せずに考《かんが》えることは不可《ふか》能《のう》です。人《ひと》は、抽象的《ちゅうしょうてき》思考《しこう》をしようとするとき、まずは必《かなら》ず具体化《ぐたいか》のステップを踏《ふ》むのです。

野球《やきゅう》を知《し》らなければ、その分《ぶん》だけ、「スポーツとは」という抽象的《ちゅうしょうてき》思考《しこう》もしづらくなるということです。

具体化《ぐたいか》は、比喩《ひゆ》の場合《ばあい》もあります。

「あの子《こ》はクラスの太陽《たいよう》だ」というのは、「あの子《こ》はクラスを明《あか》るくしてくれる」という抽象的《ちゅうしょうてき》思考《しこう》を比喩《ひゆ》で表《ひょう》現《げん》したものです。「太陽《たいよう》」と言《い》い表《あらわ》すことによって、その人《ひと》の明《あか》るさをより明確《めいかく》に表現《ひょうげん》できます（正確《せいかく》には〝明《あか》るさ〟自体《じたい》も比喩《ひゆ》です）。

比喩《ひゆ》は、絵《え》が浮《う》かびます。形《かたち》があります。具体的《ぐたいてき》です。具体的《ぐたいてき》なものには、「名前《なまえ》」があります。

他《た》と区別《くべつ》・識別《しきべつ》できる名前《なまえ》を有《ゆう》すること、それを「具《ぐ》体的《たいてき》」と言《い》います。野球《やきゅう》も太陽《たいよう》も、同《おな》じです。

もうお気《き》づきですね。

そうです。

「知識《ちしき》」とは、思考《しこう》を支《ささ》えるものなのです。

「知識《ちしき》」があればあるほど、私《わたし》たちは具体的《ぐたいてき》にものを考《かんが》えることができます。具体例《ぐたいれい》をたくさん持《も》っている人《ひと》は、それを抽象化《ちゅうしょうか》することもたやすくなります。「外国《がいこく》」しか知《し》らない人《ひと》は、「外国《がいこく》」を説明《せつめい》できません。「アメリカ」「フランス」「中国《ちゅうごく》」「インド」を知《し》っているからこそ、「外国《がいこく》」という抽象概念《ちゅうしょうがいねん》を説明《せつめい》できます。

今《いま》、知識《ちしき》は思考《しこう》を支《ささ》える、と書《か》きました。

これは、言《い》いかえれば、**「知識《ちしき》は読《よ》み書《か》きを支《ささ》える」**ということでもあります。書《か》く力《ちから》、読《よ》む力《ちから》。それは、イコール思考力《しこうりょく》です。知識《ちしき》が多《おお》い人《ひと》ほど、読《よ》む力《ちから》も書《か》く力《ちから》も高《たか》くなるのです。

この本《ほん》は、そんな知識《ちしき》の中《なか》でも、最低限《さいていげん》身《み》につけておくべき知識《ちしき》、すなわち「常識《じょうしき》」を集《あつ》めました。

その価値《かち》をかみしめながら、じっくりと、解《と》き進《すす》めていってほしいと思《おも》います。

この問題集《もんだいしゅう》の対象《たいしょう》、および使《つか》い方《かた》

この問題集《もんだいしゅう》は、おおむね小学《しょうがく》4年生程度《ねんせいていど》の子《こ》が楽《たの》しみながら解《と》けるレベルの問題《もんだい》が多《おお》くなっています。

ただし当然《とうぜん》ながら、1~3年生《ねんせい》や5・6年生《ねんせい》にも十分《じゅうぶん》役立《やくだ》ちますし、中学生《ちゅうがくせい》・高校生《こうこうせい》あるいは大人《おとな》でさえもハッとするような、有益《ゆうえき》な内容《ないよう》が満載《まんさい》です。

大人《おとな》
高校《こうこう》
中学《ちゅうがく》
小《しょう》6
小《しょう》5
小《しょう》4
小《しょう》3
小《しょう》2
小《しょう》1

なお、算用数字《さんようすうじ》と漢数字《かんすうじ》は、問題《もんだい》ごと・ページごとに、最《もっと》も分《わ》かりやすく見《み》やすいものを選《えら》んでいます。一部《いちぶ》に表記《ひょうき》の不統一《ふとういつ》があるのは、そのためです。

各《かく》ページのA~Cを判定《はんてい》する際《さい》は、純粋《じゅんすい》に、マルのついた数《かず》をカウントしてください。ただし、〈解説《かいせつ》〉のページに断《ことわ》り書《が》きがある場合《ばあい》は、それにしたがってください。

「論理的思考力《ろんりてきしこうりょく》」を高《たか》め
書《か》く力《ちから》・読《よ》む力《ちから》を身《み》につける問題集《もんだいしゅう》

The Fukushima Method

大好評《だいこうひょう》! 大和《だいわ》出版《しゅっぱん》の「ふくしま式《しき》」シリーズ全《ぜん》ラインアップ

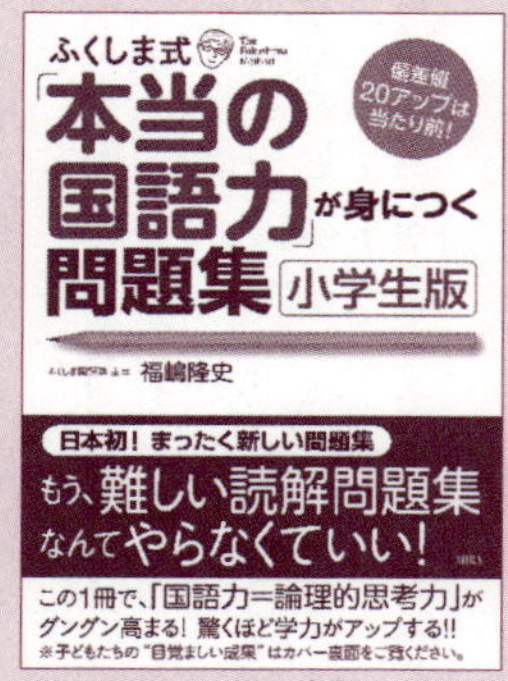

ふくしま式《しき》
「本当《ほんとう》の国語力《こくごりょく》」が
身《み》につく問題集《もんだいしゅう》
〔小学生版《しょうがくせいばん》〕

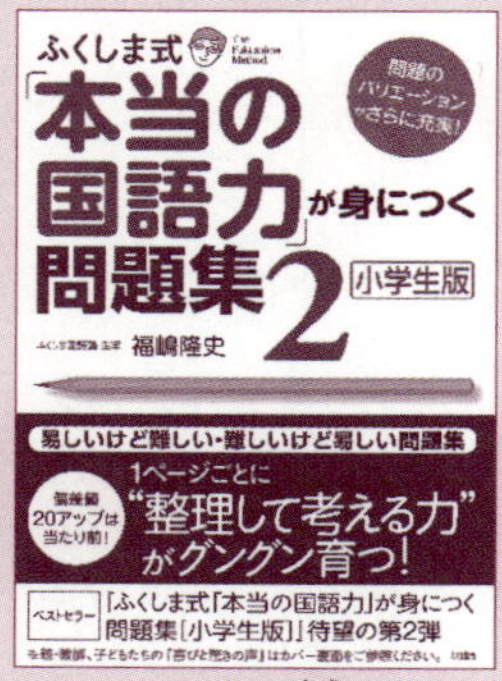

ふくしま式《しき》
「本当《ほんとう》の国語力《こくごりょく》」が
身《み》につく問題集《もんだいしゅう》2
〔小学生版《しょうがくせいばん》〕

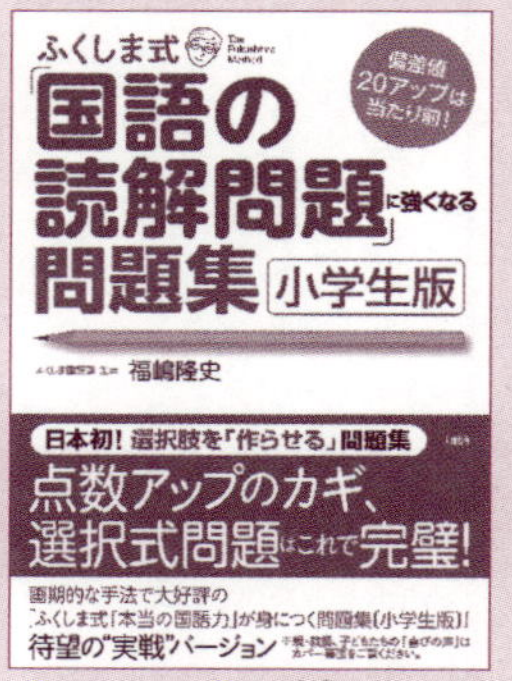

ふくしま式《しき》
「国語《こくご》の読解問題《どっかいもんだい》」に
強《つよ》くなる問題集《もんだいしゅう》
〔小学生版《しょうがくせいばん》〕

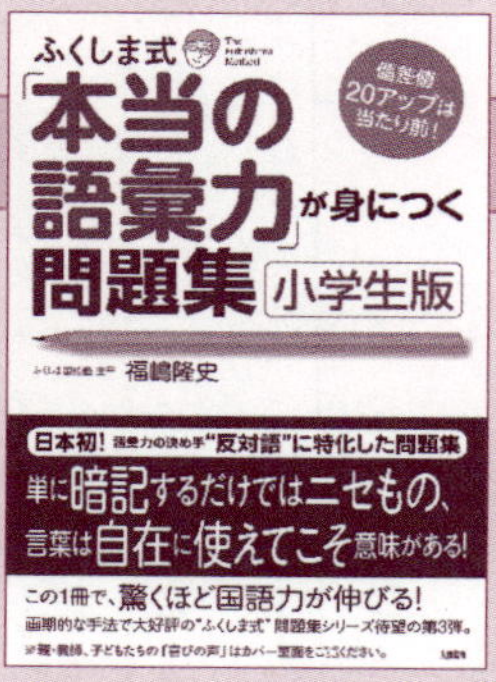

ふくしま式《しき》
「本当《ほんとう》の語彙力《ごいりょく》」が
身《み》につく問題集《もんだいしゅう》
〔小学生版《しょうがくせいばん》〕

ふくしま式《しき》
「小学生《しょうがくせい》の必須常識《ひっすじょうしき》」
が身《み》につく問題集《もんだいしゅう》

「論理的思考力《ろんりてきしこうりょく》」を支《ささ》える
基礎知識《きそちしき》を身《み》につける問題集《もんだいしゅう》

大人《おとな》の
「国語力《こくごりょく》」
なら……

「ビジネスマンの国語力《こくごりょく》」
が身《み》につく本《ほん》

親《おや》・教師必読《きょうしひつどく》! 考《かん》え方《かた》・教《おし》え方《かた》への理解《りかい》を深《ふか》める本《ほん》

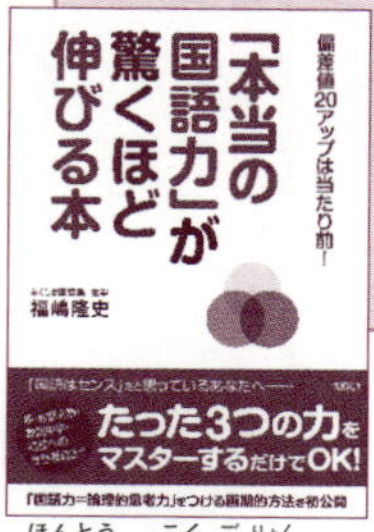

「本当《ほんとう》の国語力《こくごりょく》」が
驚《おどろ》くほど伸《の》びる本《ほん》

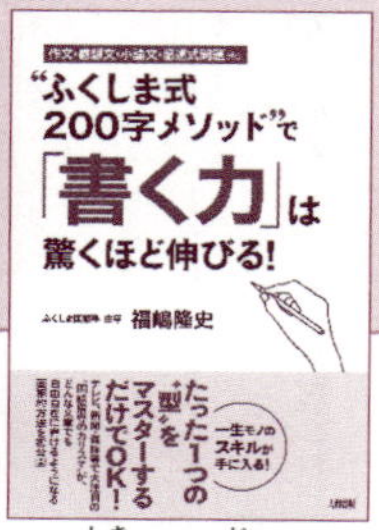

“ふくしま式《しき》200字《じ》メソッド”で
「書《か》く力《ちから》」は驚《おどろ》くほど伸《の》びる!

わが子《こ》が驚《おどろ》くほど
「勉強好《べんきょうず》き」になる本《ほん》

Part1

身《み》の回《まわ》りの常識《じょうしき》

～あなたの“常識力《じょうしきりょく》”を判定《はんてい》！～

★それぞれのページの評定《ひょうてい》（A・B・C）を、ここに記録《きろく》しましょう。
たとえば、Aだった場合《ばあい》はAの欄《らん》にマークします（マルで囲《かこ》むなど）。

01	02	03	04	05	06	07	08	09	10	11
A	A	A	A	A	A	A	A	A	A	A
B	B	B	B	B	B	B	B	B	B	B
C	C	C	C	C	C	C	C	C	C	C

★点数《てんすう》を計算《けいさん》しましょう。

3点《てん》×[A（　　）個《こ》]＋2点《てん》×[B（　　）個《こ》]＋1点《てん》×[C（　　）個《こ》]＝（　　）点《てん》

★あなたの点数《てんすう》を、下《した》の目盛《めも》りにマークしましょう（▼をつける）。

0　5　10　15　20　25　30

0～9 がんばれ!!

10～15 常識不足《じょうしきふそく》

★ 16～21 BRONZE《ブロンズ》

★★ 22～27 SILVER《シルバー》

★★★ 28～33 GOLD《ゴールド》

時《じ》間《かん》の常《じょう》識《しき》 1 〈昨日《きのう》・今日《きょう》・明日《あす》〉

月　日

ランク

正解《せいかい》13〜16個《こ》 Ⓐ

正解《せいかい》9〜12個《こ》 Ⓑ

正解《せいかい》0〜8個《こ》 Ⓒ

1 次《つぎ》の表《ひょう》の空欄《くうらん》①〜⑯を埋《う》めなさい。

〈1〉現在《げんざい》（今日《きょう》）を基準《きじゅん》にした表現《ひょうげん》

例《れい》※1		読《よ》み方《かた》（1）	読《よ》み方《かた》（2）
一日《ついたち》	一昨日	いっさくじつ	①
二日《ふつか》	昨日	②	きのう
三日《みっか》	今日※2	こんにち※3	きょう
四日《よっか》	明日	③	あす・あした
五日《いつか》	明後日	みょうごにち	④

※1　今日《きょう》を三日《みっか》とした場合《ばあい》の日《ひ》づけの例《れい》を示《しめ》しています。

※2　「今日《きょう》」の改《あらた》まった言《い》い方《かた》に「本日《ほんじつ》」があります（12ページで解説《かいせつ》）。なお、「改《あらた》まった」言《い》い方《かた》というのは、よそよそしく堅苦《かたくる》しい言《い》い方《かた》のことです。家族《かぞく》や友《とも》だちなど親《した》しい人《ひと》に向《む》けて話《はな》すときは「くだけた」言《い》い方《かた》になりますが、その逆《ぎゃく》と考《かんが》えればよいでしょう。

※3　「こんにち」と読《よ》む場合《ばあい》は、「きょう」とは違《ちが》った意味《いみ》で使《つか》われることが多《おお》くなります（12ページで解説《かいせつ》）。

〈2〉現在《げんざい》（今月《こんげつ》）を基準《きじゅん》にした表現《ひょうげん》

例《れい》		読《よ》み方《かた》	別《べつ》の表現《ひょうげん》
一月《いちがつ》	先々月	⑤	一昨月《いっさくげつ》※1
二月《にがつ》	先月	⑥	昨月《さくげつ》※1
三月《さんがつ》	今月※2	こんげつ	
四月《しがつ》	来月	⑦	
五月《ごがつ》	再来月	⑧	

※1　「昨月《さくげつ》・一昨月《いっさくげつ》」よりも「先月・先々月」のほうがよく使《つか》われます。

※2　「本月《ほんげつ》」という表現《ひょうげん》もありますが、あまり使《つか》われません。

〈3〉現在《げんざい》（今年《ことし》）を基準《きじゅん》にした表現《ひょうげん》

例《れい》※1	元年《がんねん》	二年《にねん》	三年《さんねん》	四年《よねん》	五年《ごねん》
	一昨年	昨年	今年	来年	再来年
読《よ》み方《かた》（1）	⑨	さくねん	こんねん※2	⑪	⑫
読《よ》み方《かた》（2）及《およ》び別《べつ》の表現《ひょうげん》	⑩	去年《きょねん》・旧年《きゅうねん》※3	ことし		

※1 平成元年《へいせいがんねん》（＝一年《いちねん》）、平成二年《へいせいにねん》、といった例《れい》を示《しめ》しています。

※2 「こんねん」よりも「ことし」のほうがよく使《つか》われます。「今年」の改《あらた》まった言《い》い方《かた》に「本年《ほんねん》」があります。

※3 「旧年《きゅうねん》」は、年賀状《ねんがじょう》などで「旧年中《きゅうねんちゅう》はお世話《せわ》になりました」などと使《つか》われます。

〈4〉現在《げんざい》ではなく、過去《かこ》か未来《みらい》のある日《ひ》（ある月《つき》・ある年《とし》）を基準《きじゅん》にした表現《ひょうげん》

例《れい》※	一日《ついたち》	二日《ふつか》	三日《みっか》	四日《よっか》	五日《いつか》
	前々日	前日	⑭	翌日	翌々日
読《よ》み方《かた》	ぜんぜんじつ	ぜんじつ	⑮	⑯	よくよくじつ
月《つき》・年《とし》の場合《ばあい》	前々月《ぜんぜんげつ》・前々年《ぜんぜんねん》	⑬	当月《とうげつ》・当年《とうねん》	翌月《よくげつ》・翌年《よくねん》	翌々月《よくよくげつ》・翌々年《よくよくねん》

※ 月《つき》・年《とし》の場合《ばあい》は、一日《ついたち》、二日《ふつか》……を、それぞれ一月《いちがつ》、二月《にがつ》……、元年《がんねん》（一年《いちねん》）、二年《にねん》、……と読《よ》み替《か》えてください。

★日《ひ》・月《つき》・年《とし》によって言葉《ことば》の種類《しゅるい》や読《よ》み方《かた》に違《ちが》いがあることがわかります。必《かなら》ずしも決《き》まったパターンがあるわけではないため、それぞれを覚《おぼ》えて使《つか》い慣《な》れるようにしましょう（なお、「週《しゅう》」は「月《つき》」とほぼ同様《どうよう》に使《つか》われます）。

〈解答《かいとう》〉

❶

①おととい　②さくじつ　③みょうにち
④あさって　⑤せんせんげつ　⑥せんげつ
⑦らいげつ　⑧さらいげつ　⑨いっさくねん
⑩おととし　⑪らいねん　⑫さらいねん
⑬前月《ぜんげつ》・前年《ぜんねん》　⑭当日《とうじつ》　⑮とうじつ
⑯よくじつ

〈解説《かいせつ》〉

「明日」については、やや改《あらた》まった言《い》い方《かた》が「あす」、ややくだけた言《い》い方《かた》が「あした」です。

「さくじつ・いっさくじつ」「みょうにち・みょうごにち」「さくねん・いっさくねん」などは、かなり改《あらた》まった馴《な》染《じ》みの薄《うす》い表現《ひょうげん》ですが、どこかで耳《みみ》にしたことはあるはずですし、今後《こんご》も耳《みみ》にするはずです。覚《おぼ》えましょう。

「本日《ほんじつ》」は、改《あらた》まった場面《ばめん》において「今日《きょう》」という言葉《ことば》の代《か》わりに使《つか》うことがあります。「当店《とうてん》は本日休業《ほんじつきゅうぎょう》です」などといった使《つか》い方《かた》です。

「今日」を「こんにち」と読《よ》む場合《ばあい》、「最近《さいきん》（この頃《ごろ》）」「今《いま》の時代《じだい》」などといった幅広《はばひろ》い意味《いみ》を持《も》つことが多《おお》くなります。「きょう」と読《よ》めばその一日《いちにち》の範囲《はんい》を指《さ》しますが、「こんにち」はその範囲《はんい》が広《ひろ》がるわけです。

〈知識《ちしき》を広《ひろ》げる！〉

次《つぎ》の各文《かくぶん》のうち、——部《ぶ》の言葉《ことば》の使《つか》い方《かた》が間違《まちが》っているものを二《ふた》つ選《えら》び、記号《きごう》にマルをつけなさい。

ア　三日後《みっかご》の運動会当日《うんどうかいとうじつ》は、晴《は》れの予想《よそう》です。
イ　ピアノを始《はじ》めたのは、ちょうど一年前《いちねんまえ》の今日《きょう》です。
ウ　一週間後《いっしゅうかんご》の試験日《しけんび》の明日《あす》には、もう合格発表《ごうかくはっぴょう》です。
エ　今《いま》は雨《あめ》ですが、数時間《すうじかん》で雲《くも》が消《き》え、翌日《よくじつ》には晴《は》れる見込《みこ》みです。

アはもちろんのこと、イも一般的《いっぱんてき》によく使《つか》われる言《い》い方《かた》であり、間違《まちが》っていません。答《こた》えはウとエ。ウは「翌《よく》日《じつ》」、エは「明日《あす》」とすべきです。10、11ページに示《しめ》すように、「明日《あす》」は現在《げんざい》が基準《きじゅん》であり、「翌日《よくじつ》」は過去《かこ》か未《み》来《らい》が基準《きじゅん》です。ウは、「一週間後《いっしゅうかんご》の試験日《しけんび》」という未《み》来《らい》を基準《きじゅん》にしているため「翌日《よくじつ》」とすべきであり、逆《ぎゃく》にエは、「今《いま》」、すなわち現在《げんざい》を基準《きじゅん》にしているため「明《あ》日《す》」とすべきなのです。

Part1
02

時間《じかん》の常識《じょうしき》②〈時《じ》・分《ふん》・秒《びょう》〉

❶ 次《つぎ》の表《ひょう》の空欄《くうらん》を埋《う》めなさい。

〈基本《きほん》〉

1世紀《せいき》＝（①＿＿＿＿）年《ねん》

1年《ねん》　＝（②＿＿＿＿）日《にち》←閏年《うるうどし》※は（③＿＿＿＿）日《にち》

1日《にち》　＝（④＿＿＿＿）時間《じかん》

1時間《じかん》＝（⑤＿＿＿＿）分《ふん》

1分《ふん》　＝（⑥＿＿＿＿）秒《びょう》

※閏年《うるうどし》とは、「地球《ちきゅう》の公転《こうてん》にかかる時間《じかん》」と、「暦《こよみ》の上《うえ》での１年《ねん》」とのズレを調整《ちょうせい》するためのもの。閏年《うるうどし》は（⑦＿＿＿＿）年《ねん》ごとに訪《おとず》れる（そのつど、2月《がつ》を29日《にち》までとする）。

〈応用《おうよう》〉

半世紀《はんせいき》＝（⑧＿＿＿＿）年《ねん》

四半世紀《しはんせいき》＝（⑨＿＿＿＿）年《ねん》

❷ 時刻《じこく》を数直線《すうちょくせん》で表《あらわ》した次《つぎ》の図《ず》の①②において、正《ただ》しいものをそれぞれ二《ふた》つずつマルで囲《かこ》みなさい（それぞれ、二《ふた》つともできて正解《せいかい》）。

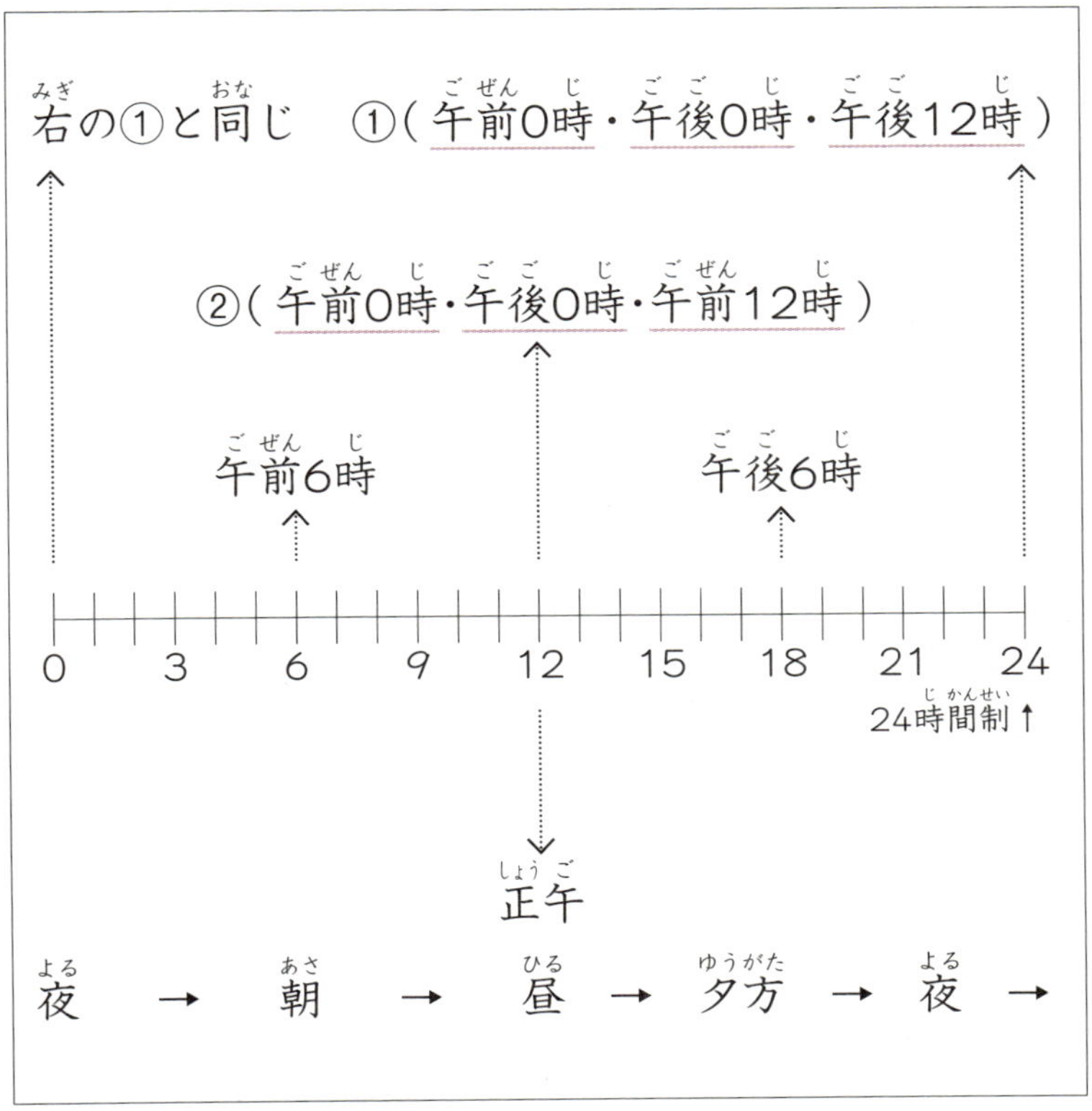

月　日

ランク

正解《せいかい》9〜11個《こ》 A

正解《せいかい》6〜8個《こ》 B

正解《せいかい》0〜5個《こ》 C

〈解答《かいとう》〉

❶ ①100　②365　③366　④24　⑤60
⑥60　⑦4　⑧50　⑨25

❷ ①午前《ごぜん》0時《じ》・午後《ごご》12時《じ》　②午後《ごご》0時《じ》・午前《ごぜん》12時《じ》

〈解説《かいせつ》〉

❶⑦、⑨あたりが難《むずか》しかったかもしれません。
四半世紀《しはんせいき》の「四半《しはん》」には、「4つに分《わ》けたうちの1つ分《ぶん》（4分《ぶん》の1）」という意味《いみ》があります。たとえば、「四《し》半期《はんき》」と言《い》えば、1年《ねん》の4分《ぶん》の1、つまり3か月《げつ》を意味《いみ》します。

❷①、②は大変《たいへん》まぎらわしいので、注意《ちゅうい》が必要《ひつよう》です。時報《じほう》（21ページ参照《さんしょう》）などでは、①を「午前《ごぜん》0時《じ》」、②を「午後《ごご》0時《じ》」と表現《ひょうげん》しています。

なお、時刻制度《じこくせいど》の基準《きじゅん》となる、明治五年《めいじごねん》に出《だ》された通《つう》達《たつ》（太政官達《だじょうかんたっし》）の中《なか》では、①を「午前《ごぜん》0時《じ》・午後《ごご》12時《じ》」と併記《へいき》する一方《いっぽう》で、②は、「午前《ごぜん》12時《じ》」としか記《しる》していません（国立天文台《こくりつてんもんだい》 http://www.nao.ac.jp/faq/a0401.html）。

かといって、「午前《ごぜん》12時《じ》10分《ぷん》」などという表記《ひょうき》は昼夜《ちゅうや》の区別《くべつ》がつけづらいものです。デジタル時計《どけい》などの中《なか》にはこういう表記《ひょうき》のものも見《み》られますが、まぎらわしいので、「午後《ごご》0時《じ》10分《ぷん》」と表現《ひょうげん》したほうが無難《ぶなん》です。

「世紀《せいき》」の区切《くぎ》りめも、まぎらわしいのでよく覚《おぼ》えておきましょう。たとえば、西暦《せいれき》2000年《ねん》の年末《ねんまつ》までは20世紀《せいき》、2001年《ねん》の年始《ねんし》からは21世紀《せいき》です。同様《どうよう》に、西《せい》暦《れき》1500年《ねん》は15世紀《せいき》、1501年《ねん》は16世紀《せいき》、と区別《くべつ》します。

〈知識《ちしき》を広《ひろ》げる！〉

時間《じかん》を変換《へんかん》する練習《れんしゅう》をします。次《つぎ》のそれぞれの空欄《くうらん》を埋《う》めなさい。

① 90分授業《ぷんじゅぎょう》を2コマ受《う》けた。つまり、授業《じゅぎょう》を（　　）時間《じかん》受《う》けたことになる。

② 1年《ねん》は、およそ（　　）週《しゅう》あります。

③ 21時《じ》は、午後《ごご》（　　）時《じ》です。

④ 7日《か》の午前《ごぜん》1時《じ》からのテレビ番組《ばんぐみ》を宣伝《せんでん》する場合《ばあい》など、あえて24時間制《じかんせい》を用《もち》いて、「6日《か》の（　　）時《じ》から放送《ほうそう》」と表現《ひょうげん》することがあります。

答《こた》えは、①3、②52、③9、④25となります。意外《いがい》に迷《まよ》ったのではないでしょうか。

Part1 03

空間《くうかん》の常識《じょうしき》❶ 〈上下《じょうげ》〉

月　日

ランク

正解《せいかい》9〜11個《こ》 A

正解《せいかい》6〜8個《こ》 B

正解《せいかい》0〜5個《こ》 C

★15〜18ページでは、空間《くうかん》に関《かか》わる比喩表現《ひゆひょうげん》（たとえの表現《ひょうげん》）の常識《じょうしき》を、確《たし》かめます。

❶ 次《つぎ》の各文《かくぶん》の空欄《くうらん》を埋《う》めなさい。それぞれ、《　》の中《なか》の言葉《ことば》から選《えら》んで書《か》き入《い》れること。

①《上《のぼ》り・下《くだ》り》

都市部《としぶ》から郊外《こうがい》（都市《とし》の周《まわ》り）へと向《む》かう電車《でんしゃ》のことを、一般的《いっぱんてき》に（　　　）列車《れっしゃ》と言《い》う。逆《ぎゃく》に、郊外《こうがい》から都市部《としぶ》へと向《む》かう電車《でんしゃ》のことを、一般的《いっぱんてき》に（　　　）列車《れっしゃ》と言《い》う（いずれも例外《れいがい》あり）。

②《アップロード・ダウンロード》

インターネット上《じょう》のデータ（文章《ぶんしょう》、画像《がぞう》、音声《おんせい》、映像《えいぞう》等《とう》）を自分《じぶん》のパソコン等《とう》に保存《ほぞん》することを、（　　　）と言《い》う。逆《ぎゃく》に、自分《じぶん》の手元《てもと》のデータをインターネットに上《あ》げることを、（　　　）と言《い》う。

❷ 次《つぎ》の各文《かくぶん》の‖部《ぶ》は、どう読《よ》みますか。それぞれの空欄《くうらん》に、ひらがなで読《よ》み方《かた》を書《か》き入《い》れなさい。

①「きみはリコーダーが上手（　　　）だね。」

「いいえ、まだまだ下手（　　　）です。上手く（　　　く）なるのは、これからです。」

② 舞台《ぶたい》の上手（　　　）から現《あらわ》れた役者《やくしゃ》は、そのまま下手（　　　）へと走《はし》り去《さ》った。

③ ワナを見事《みごと》にくぐり抜《ぬ》けてエサを食《た》べたらしい。ネズミのほうが、一枚《いちまい》上手（　　　）だった。

④「手伝《てつだ》ってもらえると嬉《うれ》しいんだけどな。」

いつもは命令《めいれい》口調《くちょう》のリーダーが、今日《きょう》はやけに柔《やわ》らかな口調《くちょう》で、下手（　　　）に出《で》たものの言《い》い方《かた》をする。なぜだろう。

〈解答《かいとう》〉

❶ ①下《くだ》り・上《のぼ》り　②ダウンロード・アップロード

❷ ①じょうず・へた・うま（く）　②かみて・しもて

③うわて　④したて

〈解説《かいせつ》〉

❶②アップは「上《あ》げる・上《あ》がる」、ダウンは「下《さ》げる・下《さ》がる」という意味《いみ》です。

❷②「上手《かみて》」は、客席《きゃくせき》から見《み》て舞台《ぶたい》の右《みぎ》のほうを指《さ》します。「下手《しもて》」は、逆《ぎゃく》に左《ひだり》のほうを指《さ》します。

なお、それぞれ、「上座《かみざ》」「下座《しもざ》」を指《さ》すことがあります。上座《かみざ》とは立場《たちば》が上《うえ》の人《ひと》（簡単《かんたん》に言《い》えば偉《えら》い人《ひと》）が座《すわ》る場所《ばしょ》、下座《しもざ》はその逆《ぎゃく》です。

また、川《かわ》の上流《じょうりゅう》・下流《かりゅう》を指《さ》すこともあります。

③「一枚上手《いちまいうわて》」というときの「上手《うわて》」は、ほかより優《すぐ》れていることを意味《いみ》します。

④「下手《したて》に出《で》る」とは、偉《えら》そうにせず、自分《じぶん》を低《ひく》くし（へりくだって）、相手《あいて》を高《たか》くして（敬《うやま》って）振《ふ》る舞《ま》う様子《ようす》を表《あらわ》します。

〈知識《ちしき》を広《ひろ》げる！〉

「上《じょう》」「下《げ》」のつく言葉《ことば》には多《おお》くの読《よ》み方《かた》があります。その分《ぶん》だけ多《おお》くの意味《いみ》があり、使《つか》う場面《ばめん》も多《おお》いわけです。

「上《じょう》」「下《げ》」のつく言葉《ことば》が、必《かなら》ずしも本来《ほんらい》の意味《いみ》どおりに空間的《くうかんてき》（場所的《ばしょてき》）な上《うえ》と下《した》の意味《いみ》で使《つか》われているとは限《かぎ》らないことに注目《ちゅうもく》してください。つまり、比喩《ひゆ》（たとえ）であるということです。

たとえば、小学生《しょうがくせい》のうちは、教科書《きょうかしょ》が二種類《にしゅるい》に分《わ》かれていることがありますね。

一年間《いちねんかん》の前半《ぜんはん》に使《つか》うのが（　　巻《かん》）。

一年間《いちねんかん》の後半《こうはん》に使《つか》うのが（　　巻《かん》）。

右《みぎ》の空欄《くうらん》に、上《じょう》・下《げ》を書《か》き入《い》れてみましょう。それぞれ「上巻《じょうかん》・下巻《げかん》」となりますね（教科書《きょうかしょ》ではタイトルに「巻《かん》」がつかないことが多《おお》い）。これは、厳密《げんみつ》には、「前《ぜん》後《ご》」の意味《いみ》を「上下《じょうげ》」にたとえているのであり、場所《ばしょ》とは直接《ちょくせつ》の関係《かんけい》がない表現《ひょうげん》です。

すごろくでゴールにたどりつくことを、なんと言《い》うでしょうか。そう、「上《あ》がり」ですね。また、仕事《しごと》を終《お》えるとき、「今日《きょう》は五時《ごじ》で上《あ》がりだ」などと使《つか》うこともあります。これらは、「終《お》わり」の比喩《ひゆ》であると言《い》えます。

このような空間的《くうかんてき》比喩《ひゆ》を、さらに考《かんが》えてみましょう。

Part1 04

空間《くうかん》の常識《じょうしき》② 〈前後《ぜんご》・左右《さゆう》〉

月　日

ランク

正解《せいかい》5〜6個《こ》 A

正解《せいかい》3〜4個《こ》 B

正解《せいかい》0〜2個《こ》 C

❶ 次《つぎ》の各文《かくぶん》の空欄《くうらん》を埋《う》めるのにふさわしい言葉《ことば》をあとの語群《ごぐん》から選《えら》び、書《か》き入《い》れなさい。同《おな》じ言葉《ことば》は一度《いちど》しか使《つか》えません。語群《ごぐん》には、答《こた》えに用《もち》いない言葉《ことば》も含《ふく》まれています。

① ピッチャー交代《こうたい》は、試合展開《しあいてんかい》を大《おお》きく（　　）。

② 計算力《けいさんりょく》にかけては、クラスで彼《かれ》の（　　）者《もの》はいない。

③ 子《こ》どもの頃《ころ》は貧《まず》しい生活《せいかつ》をしていた彼《かれ》も、今《いま》や商売《しょうばい》が繁盛《はんじょう》して（　　）で生活《せいかつ》しているという話《はなし》を聞《き》いた。

④「話《はなし》は（　　）が、この事件《じけん》が起《お》きる前《まえ》の日《ひ》の晩《ばん》、あなたはどこにいたのかね。」と、刑事《けいじ》は不意《ふい》にたずねた。

⑤ 短歌《たんか》・俳句《はいく》など日本独特《にほんどくとく》の表現《ひょうげん》は、そこで表《あらわ》したい気持《きも》ちがどんなに強《つよ》くても、あえて少《すく》ない言葉《ことば》でそれを伝《つた》えようとしている点《てん》で、（　　）表現《ひょうげん》であると言《い》える。

⑥ テレビのニュースでは、速報性《そくほうせい》ばかりが重視《じゅうし》された（　　）な伝《つた》え方《かた》が目立《めだ》つ。もう少《すこ》し正確性《せいかくせい》を高《たか》め、落《お》ち着《つ》いて報道《ほうどう》してほしい。

〈語群《ごぐん》〉

前《まえ》のめり　奥《おく》ゆかしい　上下《じょうげ》する
左右《さゆう》する　左《ひだり》うちわ　前後《ぜんご》する
右《みぎ》に出《で》る　左《ひだり》に出《で》る

〈解答《かいとう》〉

❶
①左右《さゆう》する ②右《みぎ》に出《で》る ③左《ひだり》うちわ
④前後《ぜんご》する ⑤奥《おく》ゆかしい ⑥前《まえ》のめり

〈解説《かいせつ》〉

いずれの言葉《ことば》も、空間《くうかん》（場所《ばしょ》）を意味《いみ》する言葉《ことば》がもとになっている比喩的表現《ひゆてきひょうげん》であるということに、注目《ちゅうもく》してください。

①「左右《さゆう》する」は、ここでは「変《か》える」という意味《いみ》です。「AがBを左右《さゆう》する」というのは、Bに対《たい》するAの影響《えいきょう》力《りょく》を伝《つた》えようとする表現《ひょうげん》です。「日《ひ》ごろの勉強《べんきょう》の積《つ》み重《かさ》ねが成績《せいせき》を左右《さゆう》する」という文《ぶん》なら、成績《せいせき》に影響《えいきょう》を与《あた》えるのは日頃《ひごろ》の勉強《べんきょう》の積《つ》み重《かさ》ねである、という意味《いみ》になります。

②「誰々《だれだれ》の右《みぎ》に出《で》る者《もの》はいない」という表現《ひょうげん》を、ひとかたまりで覚《おぼ》えましょう。「誰々《だれだれ》よりも優《すぐ》れた人《ひと》はいない」という意味《いみ》です。ここで「右《みぎ》」を「優秀《ゆうしゅう》」の意味《いみ》で用《もち》いるのは、古代中国《こだいちゅうごく》で立場《たちば》の高《たか》い人《ひと》が右《みぎ》に座《すわ》る習慣《しゅうかん》があったことが由来《ゆらい》であると言《い》われています。

③「左《ひだり》うちわ」という表現《ひょうげん》は、左手《ひだりて》※でうちわを持《も》つと自然《しぜん》に動作《どうさ》がゆったりとしてくる様子《ようす》が、あくせく働《はたら》かずにゆったりしている様子《ようす》にも見《み》えることから、そのくらいお金《かね》に余裕《よゆう》がある、といった意味《いみ》で用《もち》いられます（※多《おお》くの人《ひと》の利《き》き手《て》である右手《みぎて》の逆《ぎゃく》、という意味《いみ》が含《ふく》まれる）。

④「話《はなし》が前後《ぜんご》する」は、ここでは、話《はなし》の順序《じゅんじょ》が入《い》れ替《か》わるといった意味《いみ》です。

⑤「奥《おく》ゆかしい」は、はっきりとは見《み》えない奥《おく》のほうに、品《ひん》の良《よ》さが見《み》え隠《かく》れしている状態《じょうたい》を示《しめ》します。通常《つうじょう》、プラスの意味《いみ》で用《もち》いられます。

⑥「前《まえ》のめり」は、本来《ほんらい》は体《からだ》が前《まえ》に倒《たお》れそうになる様子《ようす》ですが、転《てん》じて、積極性《せっきょくせい》が強《つよ》すぎる（前進《ぜんしん》を急《いそ》ぎすぎている）様子《ようす》を表《あらわ》すことがあります。

〈知識《ちしき》を広《ひろ》げる！〉

空間《くうかん》に関《かん》する言葉《ことば》は、ほかにもいろいろあります。「大《おお》きい・小《ちい》さい」「広《ひろ》い・狭《せま》い」「高《たか》い・低《ひく》い」「深《ふか》い・浅《あさ》い」「遠《とお》い・近《ちか》い」「長《なが》い・短《みじか》い」「太《ふと》い・細《ほそ》い」「厚《あつ》い・薄《うす》い」等々《とうとう》。どれも、心情《しんじょう》や人間関係《にんげんかんけい》、あるいは振《ふ》る舞《ま》いの様子《ようす》を伝《つた》える際《さい》の比喩《ひゆ》として、よく用《もち》いられます。気《き》にしながら生活《せいかつ》してみましょう。

Part1
05

空間《くうかん》の常識《じょうしき》③〈A4・B5〉

月　日

ランク

正解《せいかい》6～7個《こ》　A

正解《せいかい》4～5個《こ》　B

正解《せいかい》0～3個《こ》　C

❶ 左《ひだり》の図《ず》は、紙《かみ》のサイズを表《あらわ》しています。これを参考《さんこう》に、次《つぎ》の文章《ぶんしょう》の空欄《くうらん》を埋《う》めなさい。

小学校等《しょうがっこうとう》で使《つか》う教科書《きょうかしょ》やノートは、現在《げんざい》、その多《おお》くが（　　　）サイズです（この問題集《もんだいしゅう》も同《おな》じ）。その教科書《きょうかしょ》やノートを目《め》いっぱい開《ひら》くと、倍《ばい》のB4サイズになります。一方《いっぽう》、さまざまな仕事《しごと》の場《ば》で用《もち》いられる文書《ぶんしょ》は、現在《げんざい》、その多《おお》くが（　　　）サイズに統一《とういつ》されています。学校《がっこう》で配《くば》られる書類《しょるい》もこのサイズが多《おお》いはずです。

A4とB5をくらべると、（　　　）のほうが大《おお》きいことが分《わ》かります。ただし、数字《すうじ》が同《おな》じならば、AとBでは（　　　）のほうが大《おお》きいということを覚《おぼ》えておきましょう。たとえば、A4とB4では、（　　　）のほうが大《おお》きいわけです。

一般的《いっぱんてき》な文庫本《ぶんこぼん》は、（　　　）サイズです。文《ぶん》庫本《こぼん》を横《よこ》に並《なら》べるとA5になります。これは、A4の（　　　）の大《おお》きさです。

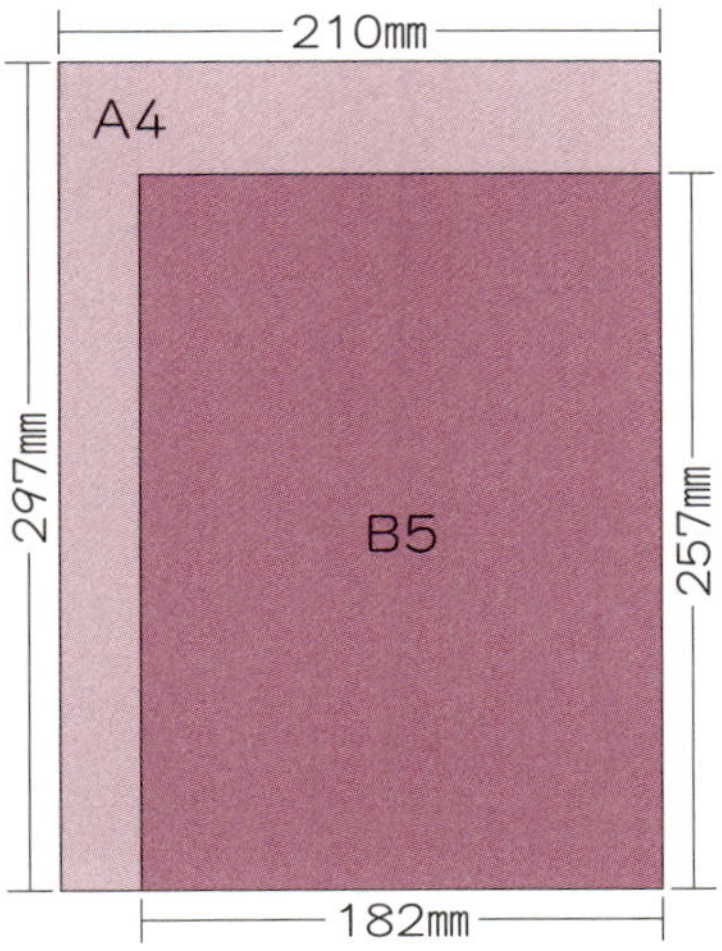

サイズの数字《すうじ》が１減《へ》ると、通常《つうじょう》、大《おお》きさは２倍《ばい》※になります（※ノートを開《ひら》くときのイメージ）。

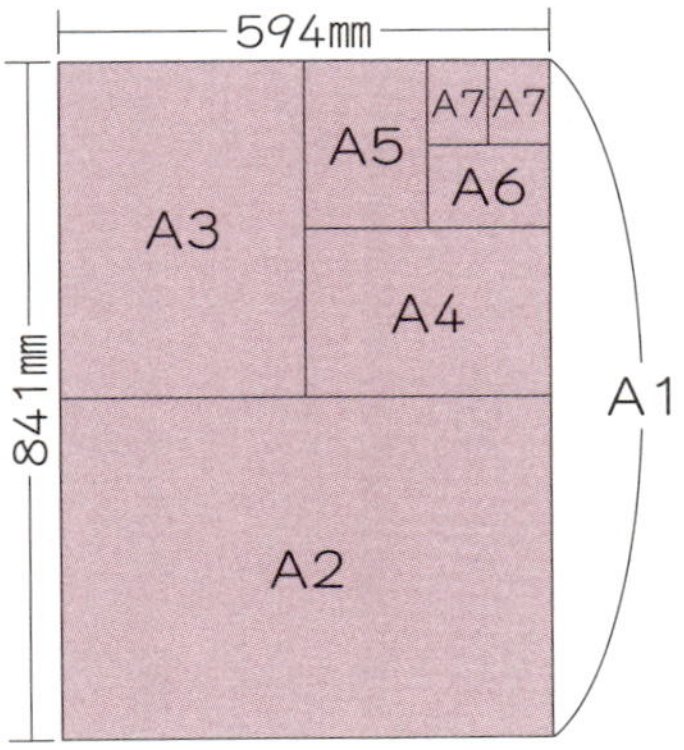

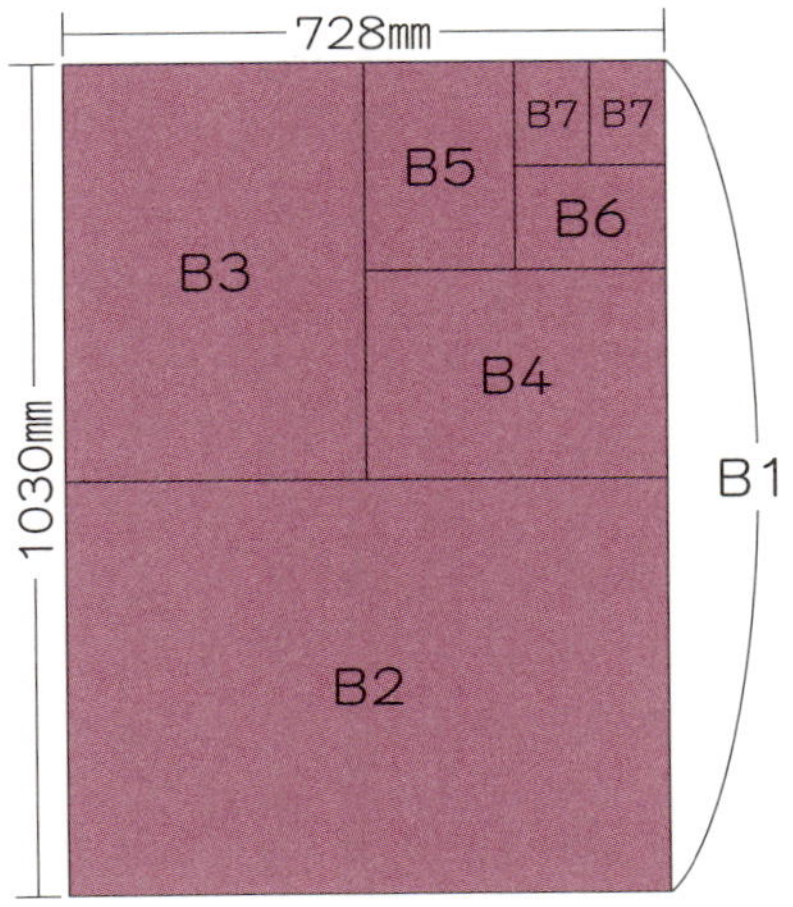

JIS（ジス：日本工業規格《にほんこうぎょうきかく》：Japanese Industrial Standards）による

〈解答《かいとう》〉

❶（順《じゅん》に）
B5、A4、A4、B、
B4、A6、半分《はんぶん》（2分《ぶん》の1）

〈解説《かいせつ》〉

小学校《しょうがっこう》で用《もち》いられる教科書《きょうかしょ》やノートは多《おお》くがB5サイズですが、もちろん例外《れいがい》もあります。特《とく》にノートは、大《だい》小《しょう》さまざまなものがありますから、教科《きょうか》によってはB5以外《いがい》のものを使《つか》っていることもあるでしょう。

また、文庫本《ぶんこぼん》についてもすべてが同《おな》じということではありません。出版社《しゅっぱんしゃ》によって多少《たしょう》の差《さ》が出《で》ることがあります（本棚《ほんだな》に並《なら》べたとき、少《すこ》し頭《あたま》がはみ出《で》る本《ほん》があることからも分《わ》かるでしょう）。

そもそも、本《ほん》のサイズは、前《ぜん》ページに示《しめ》すA・Bのサイズとは全《まった》く異《こと》なるものが多々《たた》あります（菊判《きくばん》、四六判《しろくばん》、AB判《ばん》、小《しょう》B6判《ばん》、三五判《さんごばん》、新書判《しんしょばん》、重箱判《じゅうばこばん》など）。ここではその詳細《しょうさい》は書《か》きませんが、興味《きょうみ》があるなら、調《しら》べてみましょう。

〈知識《ちしき》を広《ひろ》げる！〉

大《おお》きさの基準《きじゅん》は、知《し》っているようで知《し》らないものが、ほかにもいろいろあるはずです。たとえば、「インチ」という単位《たんい》です。身近《みぢか》な例《れい》では、テレビやパソコンの画《が》面《めん》サイズが、インチで表《あらわ》されます。画面《がめん》サイズは、縦《たて》・横《よこ》の辺《へん》ではなく、対角線《たいかくせん》で測《はか》ります。あなたの家《いえ》にあるテレビやパソコンを実際《じっさい》に測《はか》り、センチメートルをインチに変換《へんかん》してみましょう。たとえば、81センチ余《あま》りであれば、32インチということになります。これを、「32型《がた》テレビ」などと呼《よ》ぶわけです。

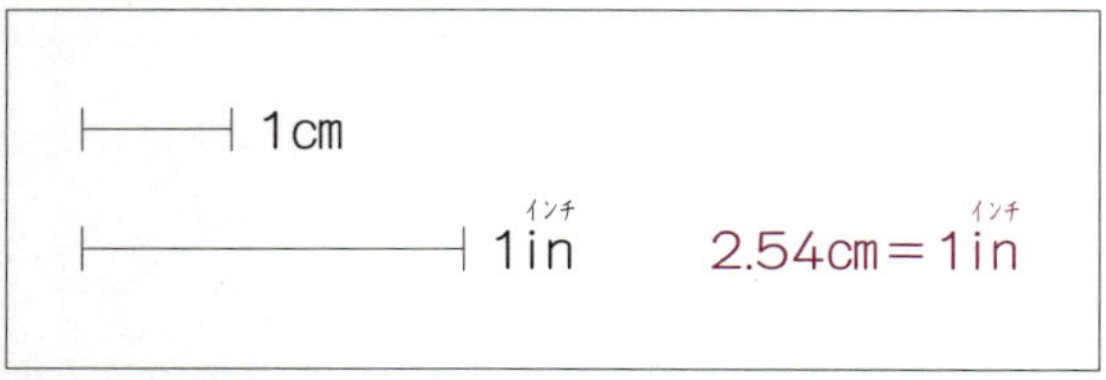

こんなことも知《し》っていたらすごい！

1in《インチ》 ＝ 2.54cm

1ft《フィート》 ＝12in《インチ》 ＝ 30.48cm

1yd《ヤード》 ＝36in《インチ》 ＝ 91.44cm

アメリカでは、身《しん》長《ちょう》をフィートとインチで表《あらわ》します。上《うえ》の数値《すうち》を使《つか》って、あなたの身長《しんちょう》をフィートとインチに変換《へんかん》してみましょう。

ヤードは、ゴルフでボールの飛距離《ひきょり》を表《あらわ》すときに、よく耳《みみ》にしますね。

Part1
06

電話《でんわ》の常識《じょうしき》〈3桁《けた》番号《ばんごう》サービス〉

月　日

ランク

正解《せいかい》8～10個《こ》　A

正解《せいかい》5～7個《こ》　B

正解《せいかい》0～4個《こ》　C

❶ 左《ひだり》の表《ひょう》は、NTTの「3桁番号《けたばんごう》サービス」の一部《いちぶ》を示《しめ》しています。①～⑤の空欄《くうらん》を埋《う》めなさい。番号《ばんごう》は、上《うえ》から下《した》へと1ずつ増《ふ》えていくとは限《かぎ》りません。

104	……番号案内《ばんごうあんない》
①（　　　）	……警察《けいさつ》への、事件《じけん》・事故《じこ》の急報《きゅうほう》
113	……電話《でんわ》の故障《こしょう》
114	……話《はな》し中調《ちゅうしら》べ
115	……電報《でんぽう》の申《もう》し込《こ》み
116	……電話《でんわ》の新設《しんせつ》・移転《いてん》・各種相談《かくしゅそうだん》
②（　　　）	……時報《じほう》
118	……海上《かいじょう》の事件《じけん》・事故《じこ》の急報《きゅうほう》
③（　　　）	……火事《かじ》・救助《きゅうじょ》・救急車《きゅうきゅうしゃ》（消防《しょうぼう》）
④（　　　）	……災害用伝言《さいがいようでんごん》ダイヤル
⑤（　　　）	……天気予報《てんきよほう》

NTT東日本《ひがしにほん》ホームページから抜粋《ばっすい》、表現《ひょうげん》を一部改変《いちぶかいへん》

❷ 上《うえ》の表《ひょう》の内容《ないよう》について説明《せつめい》した次《つぎ》の各文《かくぶん》の空欄《くうらん》を埋《う》めるのにふさわしい言葉《ことば》をあとの語群《ごぐん》から選《えら》び、書《か》き入《い》れなさい。同《おな》じ言葉《ことば》は一度《いちど》しか使《つか》えません。語群《ごぐん》には、答《こた》えに用《もち》いない言葉《ことば》も含《ふく》まれています。

・上《うえ》の表《ひょう》の③の番号《ばんごう》に電話《でんわ》をすると、通常《つうじょう》、次《つぎ》のようにたずねられます。

「（　　　）ですか、（　　　）ですか？」

・上《うえ》の表《ひょう》の①の番号《ばんごう》に電話《でんわ》をすると、通常《つうじょう》、次《つぎ》のようにたずねられます。

「（　　　）ですか、（　　　）ですか？」

・道《みち》を歩《ある》いていると、オートバイと歩行者《ほこうしゃ》が衝突《しょうとつ》する場《ば》面《めん》に遭遇《そうぐう》。オートバイに乗《の》っていた人《ひと》も歩行者《ほこうしゃ》も倒《たお》れこんでおり、起《お》き上《あ》がらない――こんなときには、すぐ（　　　）に連絡《れんらく》しなければなりません。

〈語群《ごぐん》〉　警察《けいさつ》　事故《じこ》　火事《かじ》　消防《しょうぼう》　救急《きゅうきゅう》　事件《じけん》　災害《さいがい》

〈解答《かいとう》〉

❶ ①１１０　②１１７　③１１９　④１７１　⑤１７７

❷（順《じゅん》に）
火事《かじ》、救急《きゅうきゅう》、事件《じけん》、事故《じこ》、消防《しょうぼう》

〈解説《かいせつ》〉

❶ １１０番《ばん》は通常《つうじょう》、「百十番《ひゃくとおばん》」と読《よ》みます。１１９は最《もっと》も重要度《じゅうようど》の高《たか》い、命《いのち》に係《かか》わる番号《ばんごう》です。もし知《し》らなかったならば、今《いま》すぐ覚《おぼ》えましょう。

１７１は、災害用伝言《さいがいようでんごん》ダイヤルと呼《よ》ばれます。「地震《じしん》、噴火《ふんか》などの災害《さいがい》の発生《はっせい》により、被災地《ひさいち》への通信《つうしん》が増加《ぞうか》し、つながりにくい状況《じょうきょう》になった場合《ばあい》に提供《ていきょう》が開始《かいし》される声《こえ》の伝言板《でんごんばん》」です（ＮＴＴ東日本《ひがしにほん》ウェブサイトより）。東《ひがし》日本大震災後《にほんだいしんさいご》、より注目《ちゅうもく》されるようになりました。

❷「消防《しょうぼう》です。火事《かじ》ですか、救急《きゅうきゅう》ですか（１１９）」「警察《けいさつ》です。事件《じけん》ですか、事故《じこ》ですか（１１０）」は、それぞれの番号《ばんごう》にかけた際《さい》、多《おお》くの場合最初《ばあいさいしょ》に伝《つた》えられる決《き》まり文句《もんく》です。火事《かじ》・救急《きゅうきゅう》の区別《くべつ》はつくでしょう。しかし、事件《じけん》と事故《じこ》の区別《くべつ》はつくでしょうか。

事件《じけん》も事故《じこ》も、ここではどちらも「悪《わる》いできごと」を指《さ》しています。しかし、「事件《じけん》」は、誰《だれ》かが意図的《いとてき》に（わざと）起《お》こしたできごとを指《さ》す※のに対《たい》し、「事故《じこ》」は、誰《だれ》かの意図《いと》によらず起《お》きてしまったできごとを指《さ》します（※辞書的《じしょてき》には「事件《じけん》」にそういった意味《いみ》はありませんが、事故《じこ》と対比《たいひ》して用《もち》いられるとそのような意味《いみ》が生《しょう》じます）。分《わ》かりやすく言《い》うと、「犯人《はんにん》」がいないのが事故《じこ》、いるのが事件《じけん》です。むろん、状況《じょうきょう》によっては事件《じけん》か事故《じこ》かを判断《はんだん》できない場合《ばあい》もありますから、電話《でんわ》の場《ば》では最低限《さいていげん》、起《お》こった事実《じじつ》をありのままに伝《つた》えさえすればよいと言《い》えます。

❷の「オートバイと歩行者《ほこうしゃ》の衝突《しょうとつ》」の例《れい》では、人命救助《じんめいきゅうじょ》を優先《ゆうせん》するため、まず１１９番《ばん》（消防《しょうぼう》）にかけて救急車《きゅうきゅうしゃ》を要請《ようせい》する必要《ひつよう》があります。ここで１１０番《ばん》（警察《けいさつ》）にかけた場合《ばあい》でも消防《しょうぼう》に連絡《れんらく》をしてくれますが、救急車《きゅうきゅうしゃ》の到着《とうちゃく》が遅《おそ》くなる可能性《かのうせい》もあります。

（注）前《ぜん》ページとこのページでは、「ＮＴＴ東日本《ひがしにほん》」の情報《じょうほう》を用《もち》いていますが、他《た》のＮＴＴでもシステムは原則《げんそく》として同《おな》じです。

〈知識《ちしき》を広《ひろ》げる！〉

警察《けいさつ》とは直接関係《ちょくせつかんけい》ないことでも、「子《こ》ども１１０番《ばん》の家《いえ》」「お悩《なや》み１１０番《ばん》」等《とう》、緊急時対応《きんきゅうじたいおう》の比喩《ひゆ》（たとえ）として「１１０番《ばん》」という言葉《ことば》が使《つか》われることがあります。

Part1 07

スポーツの常識《じょうしき》❶ 〈野球《やきゅう》①〉

月　日

ランク

正解《せいかい》7〜9個《こ》 A

正解《せいかい》4〜6個《こ》 B

正解《せいかい》0〜3個《こ》 C

❶ 次《つぎ》の各説明《かくせつめい》に合《あ》う言葉《ことば》をあとの語群《ごぐん》から選《えら》び、書《か》き入《い》れなさい。同《おな》じ言葉《ことば》は一度《いちど》しか使《つか》えません。

① 投手《とうしゅ》。打者《だしゃ》に対《たい》してボールを投《な》げる人《ひと》。（　　）

② 捕手《ほしゅ》。投手《とうしゅ》の投《な》げたボールを受《う》け止《と》めたり、本塁《ほんるい》（ホーム）を守《まも》ったりする人《ひと》。（　　）

③ 打者《だしゃ》。投手《とうしゅ》の投《な》げたボールをバットで打《う》つ人《ひと》。（　　）

④ 投手《とうしゅ》と捕手《ほしゅ》を一組《ひとくみ》にした呼《よ》び方《かた》。（　　）

⑤ 特《とく》に投手《とうしゅ》の中《なか》で、最《もっと》も実力《じつりょく》がある人《ひと》。（　　）

⑥ 代打《だいだ》。得点《とくてん》・失点《しってん》につながる重要《じゅうよう》な場面《ばめん》で、本来《ほんらい》の打者《だしゃ》の代《か》わりに打席《だせき》に入《はい》る人《ひと》。（　　）

⑦ 救援投手《きゅうえんとうしゅ》。投手《とうしゅ》が、失点《しってん》あるいはそれにつながるミスなどをしたとき、その投手《とうしゅ》の代《か》わりを務《つと》める人《ひと》。（　　）

〈語群《ごぐん》〉 リリーフピッチャー　キャッチャー　バッテリー　ピンチヒッター　バッター　ピッチャー　エースピッチャー

❷ 次《つぎ》の各文《かくぶん》の空欄《くうらん》を埋《う》めるのに最《もっと》もふさわしい言葉《ことば》を右《みぎ》の語群《ごぐん》からそれぞれ一《ひと》つ選《えら》び、書《か》き入《い》れなさい。

① 担任《たんにん》が風邪《かぜ》で休《やす》んだため、急《きゅう》きょ隣《となり》のクラスの教師《きょうし》が（　　）で授業《じゅぎょう》をした。

② （　　）は「女房役《にょうぼうやく》」とも言《い》われる。「夫《おっと》」としてのピッチャーよりは目立《めだ》たないが、グラウンド全体《ぜんたい》（たとえるなら「家庭《かてい》」全体《ぜんたい》）を見守《みまも》り、コントロールする立場《たちば》にあるからだと考《かんが》えられる。

〈解答《かいとう》〉

❶

①ピッチャー　②キャッチャー　③バッター

④バッテリー　⑤エースピッチャー

⑥ピンチヒッター　⑦リリーフピッチャー

❷

①ピンチヒッター　②キャッチャー

〈解説《かいせつ》〉

こんなの簡単《かんたん》すぎると思《おも》った人《ひと》もいれば、どれも分《わ》からず、ちんぷんかんぷんという人《ひと》もいるでしょう。

それはそうと、野球《やきゅう》の用語《ようご》を覚《おぼ》えることがなぜ大切《たいせつ》なのか？　そう思《おも》うかもしれません。

野球《やきゅう》は今《いま》や、日本《にほん》の国民的《こくみんてき》スポーツです。実際《じっさい》にプレイしたことはなくとも、高校野球《こうこうやきゅう》やプロ野球《やきゅう》をとおして野球《やきゅう》に親《した》しんでいる人《ひと》は大勢《おおぜい》います。

そのため、野球《やきゅう》の用語《ようご》を用《もち》いた比喩《ひゆ》（たとえ）が、さまざまな文章《ぶんしょう》の中《なか》に数多《かずおお》く出《で》てきます。

つまり、比喩表現《ひゆひょうげん》としての野球用語《やきゅうようご》を理解《りかい》できるようになるために、こういった知識《ちしき》が不可欠《ふかけつ》になるのです。

このことは、野球用語《やきゅうようご》のみならず、この本《ほん》に書《か》かれている多《おお》くの内容《ないよう》に当《あ》てはまるとも言《い》えます。

さて、そういった比喩《ひゆ》のひとつの例《れい》が、❷です。

ピンチヒッターは、①のように「代役《だいやく》」の意味《いみ》で用《もち》いられることが多《おお》い言葉《ことば》です。

①に「リリーフピッチャー」を入《い》れたかもしれません。間違《まちが》いとは言《い》い切《き》れませんが、「最《もっと》もふさわしい」ものが求《もと》められていますから、やはり「ピンチヒッター」を入《い》れるべきでしょう。それだけよく使《つか》われる表現《ひょうげん》です。

②の「女房《にょうぼう》」とは「妻《つま》」のことです。ピッチャー・キャッチャーの関係《かんけい》を、夫婦関係《ふうふかんけい》にたとえているわけです。

むろんこれは、野球用語《やきゅうようご》が比喩《ひゆ》として用《もち》いられている例《れい》ではなく、逆《ぎゃく》に野球用語《やきゅうようご》（の意味《いみ》するもの）を別《べつ》の表現《ひょうげん》でたとえたものです。とはいえ、テレビの野球中継《やきゅうちゅうけい》などでよく耳《みみ》にしますから、覚《おぼ》えておくとよいでしょう。

〈知識《ちしき》を広《ひろ》げる！〉

内閣官房長官《ないかくかんぼうちょうかん》という役職《やくしょく》を知《し》っていますか。これも、「女房役《にょうぼうやく》」と言《い》われることがあります。では、「夫《おっと》」は誰《だれ》でしょうか――答《こた》えは、内閣総理大臣《ないかくそうりだいじん》です。

このように、いつも比喩《ひゆ》に敏感《びんかん》になることが、知識《ちしき》を広《ひろ》げるためのひとつのカギとなります。

Part1
08 スポーツの常識《じょうしき》② 〈野球《やきゅう》②〉

月　日

ランク

正解《せいかい》7〜8個《こ》 A

正解《せいかい》4〜6個《こ》 B

正解《せいかい》0〜3個《こ》 C

❶ 次《つぎ》の各文《かくぶん》の空欄《くうらん》を埋《う》めるのにふさわしい語句《ごく》をあとの語群《ごぐん》から選《えら》び、書《か》き入《い》れなさい。同《おな》じ語句《ごく》は一度《いちど》しか使《つか》えません。語群《ごぐん》には、答《こた》えに用《もち》いない語句《ごく》も含《ふく》まれています。

① 中学生《ちゅうがくせい》のヤスシは、夏休《なつやす》み明《あ》けに同《おな》じクラスに転入《てんにゅう》してきたマリコが挨拶《あいさつ》するのを見《み》ながら、男友《おとこと》もだちにこう言《い》った。

「かわいいな。（　　　　）だな。」

② このあたりなら釣《つ》れるに違《ちが》いない――そう思《おも》い釣《つ》り糸《いと》を垂《た》らすこと半日《はんにち》。結局《けっきょく》何《なに》も釣《つ》れず、日《ひ》が暮《く》れてしまった。今日《きょう》も（　　　　）に終《お》わったわけだ。

③ 繰《く》り返《かえ》しポイントを取《と》られ、誰《だれ》もがあきらめていた柔道《じゅうどう》の試合《しあい》だったが、最後《さいご》の最後《さいご》で日本《にほん》が大逆転《だいぎゃくてん》し、一本勝《いっぽんが》ちとなった。それを見《み》ていたある観客《かんきゃく》が言《い》った。

「試合《しあい》は（　　　　）からだよな。」

〈語群《ごぐん》〉 9回《かい》2アウト　ストライクゾーン　1回《かい》の表《おもて》　敬遠《けいえん》のフォアボール　デッドボール　空振《からぶ》り

❷ 次《つぎ》の各説明《かくせつめい》に合《あ》う言葉《ことば》をあとの語群《ごぐん》から選《えら》び、書《か》き入《い》れなさい。同《おな》じ言葉《ことば》は一度《いちど》しか使《つか》えません。

① フォアボールを日本語《にほんご》で（　　　　）

② デッドボールを日本語《にほんご》で（　　　　）

③ 適時打《てきじだ》を英語《えいご》で（　　　　）

④「3ボール・2ストライク」を別《べつ》の表現《ひょうげん》で（　　　　）

⑤ 満塁《まんるい》を英語《えいご》で（　　　　）

〈語群《ごぐん》〉 四球《しきゅう》　フルベース　フルカウント　死球《しきゅう》　タイムリーヒット

〈解答《かいとう》〉

❶ ①ストライクゾーン　②空振《からぶ》り　③9回《かい》2アウト

❷ ①四球《しきゅう》　②死球《しきゅう》　③タイムリーヒット

④フルカウント　⑤フルベース

〈解説《かいせつ》〉

❶「ストライクゾーン」とは、バッターがボールを打《う》ち返《かえ》すのに適《てき》した範囲《はんい》を意味《いみ》します。幅《はば》はホームベースの横幅《よこはば》と決《き》まっていますが、高《たか》さはバッターのみぞおちあたりから膝《ひざ》のあたりまでであり、バッターによって変動《へんどう》します。一方《いっぽう》、①の文章《ぶんしょう》の場合《ばあい》は、「好《この》みの範囲《はんい》」を意《い》味《み》します。こちらも、人《ひと》によって変動《へんどう》します。こういった共通点《きょうつうてん》もあり、特《とく》に異性《いせい》に対《たい》する好《この》みの範囲《はんい》のことを「ストライクゾーン」と表現《ひょうげん》することがあるわけです。

②の「空振《からぶ》り」は、「行動《こうどう》はしたが、何《なん》の成果《せいか》も得《え》られず失敗《しっぱい》に終《お》わった状態《じょうたい》」を意味《いみ》しています。本来《ほんらい》は、「バットを振《ふ》ったが、ボールを打《う》ち返《かえ》せなかった状態《じょうたい》」を「空振《からぶ》り」と呼《よ》びます（ゴルフやテニスでも使《つか》います）。

③の「9回《かい》2アウト」とは、試合終了間際《しあいしゅうりょうまぎわ》の状態《じょうたい》を意《い》味《み》します。9回《かい》2アウトの状態《じょうたい》から逆転《ぎゃくてん》するような試合《しあい》が野球《やきゅう》ではよく見《み》られることから、「最後《さいご》まであきらめてはいけない」という意味《いみ》をこめて、「野球《やきゅう》は9回《かい》2アウトから始《はじ》まる」といった表現《ひょうげん》をするわけです。野球以外《やきゅういがい》のことがらについても、比喩《ひゆ》として用《もち》いられる表現《ひょうげん》です。

❷どれも一度《いちど》は耳《みみ》にしたことがあるでしょう。具体的《ぐたいてき》な意味《いみ》・用法《ようほう》はインターネット等《とう》で調《しら》べてみましょう。

〈知識《ちしき》を広《ひろ》げる！〉

次《つぎ》の文章《ぶんしょう》の空欄《くうらん》を埋《う》めなさい。

	1	2	3	4	5	6	7	8	9	計《けい》
A	0	2	0	2	0	1				5
B	0	0	3	0	2					5

野球《やきゅう》のスコアボード（得点表示板《とくてんひょうじばん》）

（　　）チームは、3回表《かいおもて》まで勝《か》っていたが、その裏《うら》に逆転《ぎゃくてん》された。その後《ご》、（　　回《かい》　）に再《さい》度《ど》得点《とくてん》がBを上回《うわまわ》った。ところが、5回裏《かいうら》には再度《さいど》逆転《ぎゃくてん》され（　　）点差《てんさ》となった。そして（　　回表《かいおもて》）の時点《じてん》で、（　　対《たい》　）の同点《どうてん》である。このように逆転《ぎゃくてん》が繰《く》り返《かえ》されるような試合《しあい》をシーソーゲームと言《い》う（答《こた》えは順《じゅん》にA、4（回《かい》）表《おもて》、1、6（回表《かいおもて》）、5（対《たい》）5）。

Part1
09

スポーツの常識《じょうしき》❸〈サッカー、剣道《けんどう》、相撲《すもう》〉

月　日

ランク
正解《せいかい》7～8個《こ》　A
正解《せいかい》4～6個《こ》　B
正解《せいかい》0～3個《こ》　C

❶ 次《つぎ》の各説明《かくせつめい》に合《あ》う語句《ごく》をあとの語群《ごぐん》から選《えら》び、書《か》き入《い》れなさい。同《おな》じ語句《ごく》は一度《いちど》しか使《つか》えません。語群《ごぐん》には、答《こた》えに用《もち》いない語句《ごく》も含《ふく》まれています。

① サッカーで、自分《じぶん》のチームが守《まも》っているゴールに誤《あやま》ってボールを入《い》れること。（　　　）

② サッカーで、反則行為《はんそくこうい》などに対《たい》して出《だ》される警告《けいこく》。（　　　）

③ ②の警告《けいこく》が重《かさ》なったときなどに出《だ》される、退場《たいじょう》の命令《めいれい》を意味《いみ》するもの。（　　　）

④ 剣道《けんどう》などで、互《たが》いに打《う》ち合《あ》わせた刀《かたな》をそのつばのところで受《う》け、押《お》し合《あ》うこと。（　　　）

〈語群《ごぐん》〉
イエローカード　ロスタイム　レッドカード
つばぜり合《あ》い　オウンゴール　がっぷり四《よ》つ

❷ 次《つぎ》の各文《かくぶん》の空欄《くうらん》を埋《う》めるのにふさわしい語句《ごく》を上《うえ》の語群《ごぐん》から選《えら》び、書《か》き入《い》れなさい。同《おな》じ語句《ごく》は一度《いちど》しか使《つか》えません。

① うちのクラスでは、先生《せんせい》に「静《しず》かにしなさい」と言《い》われたら（　　　）、「うるさい、出《で》ていけ！」と言《い》われたら、（　　　）だ。

② 鈴木君《すずきくん》は、リーダーに立候補《りっこうほ》したのはよかったが、他《た》の候補者《こうほしゃ》の欠点《けってん》を挙《あ》げて悪《わる》く言《い》い続《つづ》けるうちに、鈴《すず》木君《きくん》自身《じしん》の印象《いんしょう》を悪《わる》くしてしまった。こういうのを、墓穴《ぼけつ》を掘《ほ》る、あるいは、（　　　）と言《い》うのだろう。

③ 二《ふた》つのTV局《きょく》のドラマはいつも視聴率《しちょうりつ》が同《おな》じくらいで、（　　　）している。どちらも人気《にんき》が落《お》ちない。

〈解答《かいとう》〉

❶

①オウンゴール　②イエローカード

③レッドカード　④つばぜり合《あ》い

❷

①（順《じゅん》に）イエローカード・レッドカード

②オウンゴール　③つばぜり合《あ》い

〈解説《かいせつ》〉

❶が本来《ほんらい》の意味《いみ》、❷が比喩的用法《ひゆてきようほう》です。

「つばぜり合《あ》い」は、力《ちから》に差《さ》がない状態《じょうたい》で競《きそ》い合《あ》っている様子《ようす》を意味《いみ》します。❷③には「がっぷり四《よ》つ」も入《はい》りそうですが、「〜している」につながるのは前者《ぜんしゃ》です。

「がっぷり四《よ》つ」は、相撲《すもう》で、両者《りょうしゃ》がしっかりと組《く》み合《あ》っている状態《じょうたい》を意味《いみ》します。押《お》したり突《つ》いたりする相撲《すもう》との対比《たいひ》で用《もち》いられます。転《てん》じて、真正面《ましょうめん》から立《た》ち向《む》かう様《よう》子《す》を表《あらわ》すことがあります。たとえば、「賛成派《さんせいは》と反対派《はんたいは》が、がっぷり四《よ》つの議論《ぎろん》をした。」

などと使《つか》います。

語群《ごぐん》に入《はい》っている「ロスタイム」は、本来《ほんらい》は「失《うしな》われた時間《じかん》」という意味《いみ》ですが、サッカーでは、試合時間中《しあいじかんちゅう》に怪我人《けがにん》の手当《てあ》てなどで失《うしな》われた時間《じかん》のことを指《さ》します。本来《ほんらい》の試合時間《しあいじかん》のあとにつけ加《くわ》えられるため、アディショナルタイム（追加時間《ついかじかん》）とも呼《よ》びます。

〈知識《ちしき》を広《ひろ》げる！〉

ほかにも、知《し》っておきたい基本用語《きほんようご》は多々《たた》あります。

・キックオフ……試合開始時《しあいかいしじ》、または再開時《さいかいじ》にボールを蹴《け》ること。

・黒帯《くろおび》……柔道《じゅうどう》などで有段者《ゆうだんしゃ》が締《し》める黒《くろ》い帯《おび》。

・二刀流《にとうりゅう》……両手《りょうて》に一本《いっぽん》ずつの刀《かたな》を持《も》って行《おこな》う剣法《けんぽう》。

いずれも、比喩的《ひゆてき》に用《もち》いられることのある言葉《ことば》です。キックオフは「勝負《しょうぶ》の始《はじ》まり」の比喩《ひゆ》、黒帯《くろおび》は「技量《ぎりょう》の高《たか》さ（優秀《ゆうしゅう》な人《ひと》）」の比喩《ひゆ》、二刀流《にとうりゅう》は「普通《ふつう》は両立《りょうりつ》しないものを両立《りょうりつ》させること」の比喩《ひゆ》として、用《もち》いられることがあります。これらについては、94ページを参照《さんしょう》してください。

Part1 10

スポーツの常識《じょうしき》④〈オリンピック〉

月　日

ランク

正解《せいかい》13～16個《こ》 A

正解《せいかい》9～12個《こ》 B

正解《せいかい》0～8個《こ》 C

1 オリンピックについて述《の》べた①～④の空欄《くうらん》を埋《う》めなさい。

① オリンピックは、日本語《にほんご》では（　　　　）と表現《ひょうげん》されることが多《おお》い。

② オリンピックの陸上競技《りくじょうきょうぎ》の一《ひと》つ、「マラソン」で走《はし》る距離《きょり》は、（　　　　）kmである。

③ オリンピックのメダルの色《いろ》は、順位《じゅんい》の高《たか》いほうから、（　　）、（　　）、（　　）である。

④ 第《だい》1回《かい》オリンピック（1896年《ねん》）は、ギリシャの（　　　　）で開催《かいさい》された。

2 下《した》の表《ひょう》は、オリンピックの開催状況《かいさいじょうきょう》を表《あらわ》しています。空欄《くうらん》を埋《う》めるのにふさわしい地名《ちめい》を下《した》の語群《ごぐん》から選《えら》び、書《か》き入《い》れなさい（西暦《せいれき》は自分《じぶん》で考《かんが》えて書《か》くこと）。答《こた》えに用《もち》いない言葉《ことば》も含《ふく》まれています。

夏季大会《かきたいかい》	冬季大会《とうきたいかい》
第《だい》32回《かい》 2020（　　　　）	第《だい》24回《かい》 2022※
第《だい》31回《かい》（　　）リオデジャネイロ	第《だい》23回《かい》 2018 平昌《ピョンチャン》
第《だい》30回《かい》 2012（　　　　）	第《だい》22回《かい》 2014（　　　　）
第《だい》29回《かい》 2008（　　　　）	第《だい》21回《かい》（　　）バンクーバー
第《だい》28回《かい》 2004（　　　　）	第《だい》20回《かい》（　　）トリノ
第《だい》27回《かい》（　　）シドニー	第《だい》19回《かい》 2002 ソルトレークシティ
第《だい》26回《かい》 1996 アトランタ	第《だい》18回《かい》 1998（　　　　）

〈語群《ごぐん》〉 北京《ペキン》　長野《ながの》　ロンドン　東京《とうきょう》　ソチ　札幌《さっぽろ》　アテネ

※2015年《ねん》7月《がつ》に決定《けってい》します。そのあとで書《か》き入《い》れましょう。

〈解答《かいとう》〉

❶

①五輪《ごりん》　②42・195（42.195）

③金《きん》、銀《ぎん》、銅《どう》　④アテネ

❷

下表《かひょう》のとおり（色《いろ》のついた部分《ぶぶん》が解答《かいとう》）

〈解説《かいせつ》〉

オリンピックは世界《せかい》で最《もっと》も権威《けんい》あるスポーツ大会《たいかい》であると言《い》えます。4年《ねん》に1回《かい》しか行《おこな》われず、ひとたび出場《しゅつじょう》チャンスを逃《のが》したら次《つぎ》は4年後《ねんご》という、厳《きび》しい世界《せかい》です。

〈知識《ちしき》を広《ひろ》げる！〉

冬季大会《とうきたいかい》の第《だい》1回《かい》は1924年《ねん》です。以降《いこう》1992年《ねん》まで、夏季《かき》・冬季《とうき》は同《おな》じ年《とし》に行《おこな》われてきましたが、1994年《ねん》から、夏季《かき》・冬季《とうき》の間《あいだ》に2年《ねん》のズレが入《はい》るようになりました。冬季《とうき》の第《だい》16回《かい》と第《だい》17回《かい》の間《あいだ》だけが、4年《ねん》ではなく2年《ねん》となったわけです（下表参照《かひょうさんしょう》）。

2020年《ねん》の東京《とうきょう》オリンピックは、1964年《ねん》以来《いらい》、56年《ねん》ぶりということになります。

夏季大会《かきたいかい》	冬季大会《とうきたいかい》
第《だい》32回《かい》 2020 東京《とうきょう》 （日本《にほん》）	第《だい》24回《かい》 2022 ※2015年《ねん》7月《がつ》に決定《けってい》
第《だい》31回《かい》 2016 リオデジャネイロ （ブラジル）	第《だい》23回《かい》 2018 平昌《ピョンチャン》 （韓国《かんこく》）
第《だい》30回《かい》 2012 ロンドン （イギリス）	第《だい》22回《かい》 2014 ソチ （ロシア）
第《だい》29回《かい》 2008 北京《ペキン》 （中国《ちゅうごく》）	第《だい》21回《かい》 2010 バンクーバー （カナダ）
第《だい》28回《かい》 2004 アテネ （ギリシャ）	第《だい》20回《かい》 2006 トリノ （イタリア）
第《だい》27回《かい》 2000 シドニー （オーストラリア）	第《だい》19回《かい》 2002 ソルトレークシティ （アメリカ）
第《だい》26回《かい》 1996 アトランタ （アメリカ）	第《だい》18回《かい》 1998 長野《ながの》 （日本《にほん》）
	第《だい》17回《かい》 1994 リレハンメル （ノルウェー）
第《だい》25回《かい》 1992 バルセロナ （スペイン）	第《だい》16回《かい》 1992 アルベールビル （フランス）
…中略《ちゅうりゃく》…	…中略《ちゅうりゃく》…
第《だい》20回《かい》 1972 ミュンヘン （西《にし》ドイツ）	第《だい》11回《かい》 1972 札幌《さっぽろ》 （日本《にほん》）
第《だい》19回《かい》 1968 メキシコシティ （メキシコ）	第《だい》10回《かい》 1968 グルノーブル （フランス）
第《だい》18回《かい》 1964 東京《とうきょう》 （日本《にほん》）	第《だい》 9 回《かい》 1964 インスブルック （オーストリア）

Part1 11

数量《すうりょう》の常識《じょうしき》〈重《おも》さ・大《おお》きさ・速《はや》さ〉

月　日

ランク

正解《せいかい》8～10個《こ》 A

正解《せいかい》5～7個《こ》 B

正解《せいかい》0～4個《こ》 C

1 次《つぎ》のそれぞれの〈 〉に書《か》かれた内容《ないよう》に合《あ》うものを一《ひと》つずつ選《えら》び、マルをつけなさい。答《こた》える際《さい》は実際《じっさい》に調《しら》べずに、まずは頭《あたま》の中《なか》で考《かんが》えること。

①〈1円玉《えんだま》1枚《まい》の重《おも》さ〉

0.5g　1g　2g　5g　10g

②〈1円玉《えんだま》の直径《ちょっけい》〉

0.8㎝　1.0㎝　1.2㎝　1.5㎝　2.0㎝

③〈100円玉《えんだま》の直径《ちょっけい》〉

1.5㎝　2.2㎝　2.7㎝　3.2㎝　4.0㎝

④〈次《つぎ》の中《なか》で最《もっと》も重《おも》いもの（それぞれ1枚《まい》で比較《ひかく》）〉

5円玉《えんだま》　10円玉《えんだま》　50円玉《えんだま》　100円玉《えんだま》　500円玉《えんだま》

⑤〈次《つぎ》の中《なか》で最《もっと》も重《おも》いもの〉

1円玉《えんだま》30枚《まい》　100円玉《えんだま》5枚《まい》　500円玉《えんだま》4枚《まい》

⑥〈次《つぎ》の中《なか》で横幅《よこはば》が最《もっと》も短《みじか》いもの〉

1000円札《えんさつ》　2000円札《えんさつ》　5000円札《えんさつ》　10000円札《えんさつ》

2 次《つぎ》のそれぞれの〈 〉に書《か》かれた内容《ないよう》に合《あ》うものを一《ひと》つずつ選《えら》び、マルをつけなさい（①②は記号《きごう》に）。

①〈次《つぎ》のうち秒数《びょうすう》が短《みじか》いほう〉

ア　一般的《いっぱんてき》なテレビコマーシャルの秒数《びょうすう》（1回当《かいあ》たり）

イ　世界《せかい》で最《もっと》も足《あし》の速《はや》い陸上選手《りくじょうせんしゅ》が100mを走《はし》る秒数《びょうすう》

②〈次《つぎ》のうち正《ただ》しいほう〉

ア　雷《かみなり》は、まず光《ひかり》が見《み》えて、次《つぎ》に音《おと》が聞《き》こえる。

イ　雷《かみなり》は、まず音《おと》が聞《き》こえて、次《つぎ》に光《ひかり》が見《み》える。

③〈次《つぎ》のうち二番《にばん》めに小《ちい》さいもの〉

テニスボール　バスケットボール　ゴルフボール

ソフトボール　サッカーボール

④〈次《つぎ》のうち平均気温《へいきんきおん》が最《もっと》も低《ひく》い月《つき》（東京都《とうきょうと》など）〉

1月《がつ》　3月《がつ》　5月《がつ》　7月《がつ》　9月《がつ》　11月《がつ》

〈解答《かいとう》〉

❶

①1g　②2・0cm　③2・2cm

④500円玉《えんだま》　⑤1円玉《えんだま》30枚《まい》　⑥1000円札《えんさつ》

❷

①イ　②ア　③テニスボール　④1月《がつ》

〈解説《かいせつ》〉

❶答《こた》え合《あ》わせが済《す》んだら、すべて実際《じっさい》に測《はか》ってみましょう。1円玉《えんだま》の重《おも》さが1gということは算数《さんすう》の授業《じゅぎょう》でも習《なら》いますから、知《し》っていたかもしれません。しかし、1円《えん》玉《だま》の直径《ちょっけい》が2cmもあったということは意外《いがい》だったのではないでしょうか。しかも、100円玉《えんだま》の直径《ちょっけい》とわずか2mmしか差《さ》がないのです。100円《えん》と1円《えん》とでは価値《かち》が全《まった》く異《こと》なるため、100円《えん》のほうが大《おお》きい気《き》もしますがそれは間違《まちが》いです。なお、硬貨《こうか》の重《おも》さは、次《つぎ》のとおりです。

1円玉《えんだま》……………1g　5円玉《えんだま》……………3・7g

10円玉《えんだま》……………4・5g　50円玉《えんだま》……………4g

100円玉《えんだま》……4・8g　500円玉《えんだま》……7・2g※

（通貨《つうか》の単位《たんい》及《およ》び貨幣《かへい》の発行等《はっこうとう》に関《かん》する法律《ほうりつ》施行令《しこうれい》より）

※平成《へいせい》12年《ねん》に発行開始《はっこうかいし》された硬貨《こうか》は7・0g

❷①のアは15秒《びょう》、イは10秒未満《びょうみまん》です。②は、光《ひかり》と音《おと》の速《はや》さがポイントです。光《ひかり》は毎秒約《まいびょうやく》30万《まん》km進《すす》みますが、音《おと》は空気中《くうきちゅう》を毎秒約《まいびょうやく》340m※しか進《すす》みません（※正確《せいかく》には、気《き》温《おん》0度《ど》のとき331・5mで、温度《おんど》が1度《ど》上《あ》がると毎秒《まいびょう》0・6メートル速《はや》くなる）。③ソフトボールは直径約《ちょっけいやく》10cm弱《じゃく》です。

〈知識《ちしき》を広《ひろ》げる！〉

今回《こんかい》は（特《とく》に❶は）、数量的《すうりょうてき》な感覚《かんかく》を試《ため》す問題《もんだい》でした。大切《たいせつ》なことは、「知《し》る前《まえ》に予測《よそく》してみる」ということです。たとえば、値札《ねふだ》を見《み》る前《まえ》に値段《ねだん》を予測《よそく》し、それから値札《ねふだ》を見《み》る。「今何時《いまなんじ》だろう？」と思《おも》ってもすぐには時計《とけい》を見《み》ず、予測《よそく》してから見《み》る。行列《ぎょうれつ》に並《なら》んでいるときも、まず予測《よそく》する。この行列《ぎょうれつ》ぶりだとおそらく20分《ぷん》はかかる、今《いま》150番《ばん》で自分《じぶん》の番号札《ばんごうふだ》が157番《ばん》だから7分以上《ふんいじょう》かかる、などと。そして、実際《じっさい》の待《ま》ち時間《じかん》とあとで比較《ひかく》する。距離《きょり》なども同様《どうよう》。この店《みせ》から駅《えき》までは500mはあると予測《よそく》し、そのあと、地図上《ちずじょう》で測《はか》ってみる。あるいは、人数《にんずう》。このエレベーターの定員《ていいん》は12人《にん》だろう、と予測《よそく》。そのあとで、定員表示《ていいんひょうじ》を見《み》てみる――。このようなひと工夫《くふう》が、知識《ちしき》の定着度《ていちゃくど》を高《たか》めていくわけです。ゲーム感《かん》覚《かく》で楽《たの》しみながら、知識《ちしき》を増《ふ》やしましょう。

Part2

日本《にほん》の常識《じょうしき》

～あなたの“常識力《じょうしきりょく》”を判定《はんてい》！～

★それぞれのページの評定《ひょうてい》（A・B・C）を、ここに記録《きろく》しましょう。
たとえば、Aだった場合《ばあい》はAの欄《らん》にマークします（マルで囲《かこ》むなど）。

01	02	03	04	05	06	07	08	09	10	11	12	13	14	15
A	A	A	A	A	A	A	A	A	A	A	A	A	A	A
B	B	B	B	B	B	B	B	B	B	B	B	B	B	B
C	C	C	C	C	C	C	C	C	C	C	C	C	C	C

★点数《てんすう》を計算《けいさん》しましょう。

3点《てん》×［A（　　）個《こ》］＋2点《てん》×［B（　　）個《こ》］＋1点《てん》×［C（　　）個《こ》］＝（　　）点《てん》

★あなたの点数《てんすう》を、下《した》の目盛《めも》りにマークしましょう（▼をつける）。

0　5　10　15　20　25　30　35　40　45

0～9 がんばれ!!

10～18 常識不足《じょうしきふそく》

★ 19～27 BRONZE《ブロンズ》

★★ 28～36 SILVER《シルバー》

★★★ 37～45 GOLD《ゴールド》

Part2
01

日本語《にほんご》の常識《じょうしき》①〈ひらがな・カタカナ〉

月	日

ランク
正解《せいかい》21〜26個《こ》 A
正解《せいかい》13〜20個《こ》 B
正解《せいかい》0〜12個《こ》 C

❶ 次《つぎ》のそれぞれの言葉《ことば》を、ひらがなにしなさい。例《れい》を参考《さんこう》にすること。

〈例《れい》〉お兄さん　（おにいさん）

① 大きい　（　　　　）
② 多い　（　　　　）
③ お父さん　（　　　　）
④ 遠い　（　　　　）
⑤ 王様　（　　　　）
⑥ 通り道　（　　　　）
⑦ 十日　（　　　　）
⑧ かき氷　（　　　　）
⑨ 続き　（　　　　）
⑩ 鼻血　（　　　　）
⑪ 地震　（　　　　）
⑫ 身近　（　　　　）

❷ 次《つぎ》の文章《ぶんしょう》の中《なか》には、かなづかいの間違《まちが》った言葉《ことば》がいくつか含《ふく》まれています。間違《まちが》った文字《もじ》を、あるだけマルで囲《かこ》み、その右《みぎ》に正《ただ》しい文字《もじ》を書《か》きなさい。

僕《ぼく》は、眠《ねむ》っているおうかみにおそるおそる近《ちか》ずいた。すると、おおかみは突然《とつぜん》目《め》を覚《さ》まして立《た》ち上《あ》がり、こちらをにらみつけてきた。思《おも》わず走《はし》って逃《に》げようとした僕《ぼく》わ、木《き》の根《ね》につまずいて転《ころ》んでしまった。しかも、リュックの中身《なかみ》が全部《ぜんぶ》外《そと》に出《で》て、あたりに散《ち》らばってしまった。まづい、食《く》われる……体《からだ》じゅうから、少《すこ》しづつ汗《あせ》がにじみ出《で》てくる感《かん》じがした。

3 それぞれの〈解説《かいせつ》〉を参考《さんこう》に、正《ただ》しく表記《ひょうき》されたほう※を選《えら》び、マルで囲《かこ》みなさい。例《れい》を参考《さんこう》にすること

（※本来《ほんらい》の言語《げんご》の表記《ひょうき》・発音《はつおん》に、より合《あ》っているほう）。

例《れい》 プラスチック　プラシチック

〈解説《かいせつ》〉合成樹脂《ごうせいじゅし》、あるいはその成形物《せいけいぶつ》。

① ドッチボール　ドッジボール

〈解説《かいせつ》〉二組《ふたくみ》に分《わ》かれてコート内《ない》で行《おこな》う球技《きゅうぎ》。ボールを「よける」という動作《どうさ》が、この球技《きゅうぎ》の特徴《とくちょう》。

② ティーバッグ　ティーパック

〈解説《かいせつ》〉一杯分《いっぱいぶん》の茶葉《ちゃば》を薄《うす》い紙袋《かみぶくろ》に詰《つ》めたもの。

③ ジャンバー　ジャンパー

〈解説《かいせつ》〉動《うご》きやすいように作《つく》られた上着《うわぎ》。作業用《さぎょうよう》、スポーツ用《よう》など。

④ バッチ　バッジ

〈解説《かいせつ》〉その人《ひと》の仕事《しごと》・役割《やくわり》・所属《しょぞく》などを示《しめ》すため、帽子《ぼうし》や衣服《いふく》につける小《ちい》さい記章《きしょう》。金属製《きんぞくせい》など。

⑤ フィーチャリング　フューチャリング

〈解説《かいせつ》〉演奏《えんそう》の際《さい》、演奏《えんそう》メンバーの中《なか》の一人《ひとり》に独奏《どくそう》させること。また、中心《ちゅうしん》になる演奏者《えんそうしゃ》。歌手《かしゅ》をゲストとして迎《むか》える場合《ばあい》などにも使《つか》われる。

⑥ シュミレーション　シミュレーション

〈解説《かいせつ》〉まねすること。模擬実験《もぎじっけん》。たとえば、地震《じしん》や台風《たいふう》などの災害時《さいがいじ》の対応《たいおう》を考《かんが》えるために、人工的《じんこうてき》に地盤《じばん》を揺《ゆ》らしたり風《かぜ》を起《お》こしたりする実験《じっけん》。

⑦ コミュニケーション　コミニュケーション

〈解説《かいせつ》〉言葉《ことば》などによる、やりとり。意志疎通《いしそつう》。情報伝達《じょうほうでんたつ》。

⑧ バトミントン　バドミントン

〈解説《かいせつ》〉ネット越《ご》しに、羽根《はね》のついた球《たま》（シャトルコック）をラケットで打《う》ち合《あ》うスポーツ。

⑨ エキシビション　エキシビジョン

〈解説《かいせつ》〉展覧《てんらん》（会《かい》）、展示《てんじ》（会《かい》）。フィギュアスケートで、競技会終了後《きょうぎかいしゅうりょうご》に行《おこな》うショーのことも指《さ》す。

〈解答《かいとう》〉

❶

①おおきい ②おおい ③おとうさん ④とおい
⑤おうさま ⑥とおりみち ⑦とおか ⑧かきごおり
⑨つづき ⑩はなぢ ⑪じしん ⑫みぢか

❷（左記《さき》以外《いがい》を直《なお》した場合《ばあい》、その数《かず》は正解数《せいかいすう》から引《ひ》く）

僕《ぼく》は、眠《ねむ》っているおう（お）かみにおそるおそる近《ちか》ず（づ）いた。するとおおかみは突然《とつぜん》目《め》を覚《さ》まして立《た》ち上《あ》がり、こちらをにらみつけてきた。思《おも》わず走《はし》って逃《に》げようとした僕《ぼく》わ（は）、木《き》の根《ね》につまずいて転《ころ》んでしまった。しかも、リュックの中身《なかみ》が全部外《ぜんぶそと》に出《で》て、あたりに散《ち》らばってしまった。まづ（ず）い、食《く》われる……体《からだ》じゅうから、少《すこ》しづ（ず）つ汗《あせ》がにじみ出《で》てくる感《かん》じがした。

❸

①ドッジボール ②ティーバッグ ③ジャンパー
④バッジ ⑤フィーチャリング
⑥シミュレーション ⑦コミュニケーション
⑧バドミントン ⑨エキシビション

〈解説《かいせつ》〉

❷「つまずいて」「体《からだ》じゅう」は正《ただ》しい表記《ひょうき》です。

❸それぞれ、英語《えいご》では次《つぎ》のとおりです。
①dodge ball ②tea bag ③jumper ④badge
⑤featuring ⑥simulation ⑦communication
⑧badminton ⑨exhibition
外来語《がいらいご》をカタカナで書《か》く場合《ばあい》は、元《もと》の言語《げんご》の発音《はつおん》にできるだけ合《あ》わせて表記《ひょうき》するのが原則《げんそく》です。

〈知識《ちしき》を広《ひろ》げる！〉

しかし、英語《えいご》の発音《はつおん》と異《こと》なる表記《ひょうき》が慣用《かんよう》されているものもあります。たとえば、英語《えいご》の発音《はつおん》に合《あ》わせるならば「ニュース」は「ニューズ（ヌーズ）」となりますが、実際《じっさい》には「ニュース」が用《もち》いられています。ほかにもそういう言葉《ことば》がないか、調《しら》べてみるとよいでしょう。

Part2

02 日本語《にほんご》の常識《じょうしき》②〈漢字《かんじ》①〉

月　日

ランク

正解《せいかい》9〜10個《こ》 A

正解《せいかい》6〜8個《こ》 B

正解《せいかい》0〜5個《こ》 C

❶ 次《つぎ》のそれぞれについて、正《ただ》しい表記《ひょうき》になっているほうを選《えら》び、AかBにマルをつけなさい。影《かげ》になっている部分《ぶぶん》のみをくらべて考《かんが》えること。それ以外《いがい》の部分《ぶぶん》の違《ちが》いは判断材料《はんだんざいりょう》にしないこと。

①ア

A　B

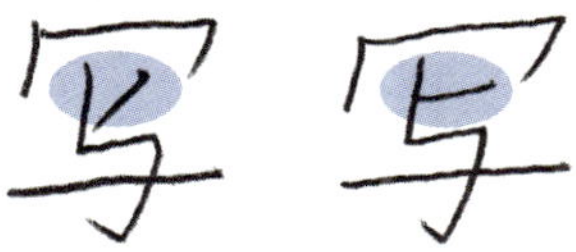

①イ

A　B

②ア

A　B

②イ

A　B

③ア

A　B

③イ

A　B

③ウ

A　B

④ア

A　B

④イ

A　B

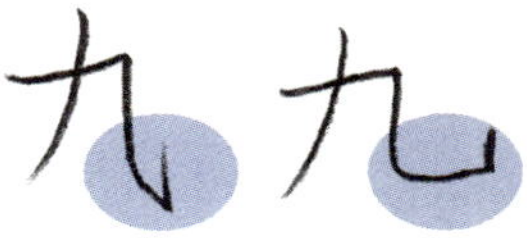

④ウ

A　B

〈解答《かいとう》〉

❶

①アA　イB　②アA　イB

③アA　イB　ウA　④アB　イA　ウB

〈解説《かいせつ》〉

①「写」の横棒《よこぼう》はすべて左《ひだり》から右《みぎ》へと書《か》きます。

③右払《みぎばら》いの線《せん》のスタート位置《いち》に気《き》をつけましょう。

学校《がっこう》で習《なら》った当時《とうじ》は正《ただ》しく書《か》けていた文字《もじ》でも、たくさん書《か》いているうちに自己流《じこりゅう》になってしまい、間違《まちが》った文字《もじ》になってしまうということは多々《たた》あります。

〈知識《ちしき》を広《ひろ》げる！〉

間違《まちが》えたまま覚《おぼ》えている文字《もじ》を正《ただ》しく覚《おぼ》え直《なお》すには、二倍以上《にばいいじょう》の努力《どりょく》が必要《ひつよう》です。次《つぎ》の「鉄則《てっそく》」のうち、最重要《さいじゅうよう》なのは（1）です。ここで覚《おぼ》えてしまうのです。

漢字練習《かんじれんしゅう》の鉄則《てっそく》

（1）指《ゆび》で書《か》く（指《ゆび》で机《つくえ》の上《うえ》に大《おお》きく書《か》く）。

（2）なぞって書《か》く。写《うつ》して書《か》く（手本《てほん》を見《み》て書《か》く）。

（3）何《なに》も見《み》ずに書《か》く。

前《ぜん》ページの文字《もじ》を使《つか》った次《つぎ》のそれぞれの言葉《ことば》を、なぞって書《か》いてみましょう（まずは指書《ゆびが》きしてみること）。

考《かんが》える　考える　考える

勝気《かちき》　勝気　勝気　勝気

春風《はるかぜ》　春風　春風　春風

実写《じっしゃ》　実写　実写　実写

図工科《ずこうか》　図工科　図工科

九人《きゅうにん》　九人　九人　九人

Part2 03

日本語《にほんご》の常識《じょうしき》③〈漢字《かんじ》②〉

月　日

ランク

正解《せいかい》8〜10個《こ》 A

正解《せいかい》5〜7個《こ》 B

正解《せいかい》0〜4個《こ》 C

❶ 次《つぎ》のそれぞれについて、正《ただ》しい表記《ひょうき》になっているほうを選《えら》び、AかBにマルをつけなさい。影《かげ》になっている部分《ぶぶん》のみをくらべて考《かんが》えること。それ以外《いがい》の部分《ぶぶん》の違《ちが》いは判断材料《はんだんざいりょう》にしないこと。

①

A　B

②

A　B

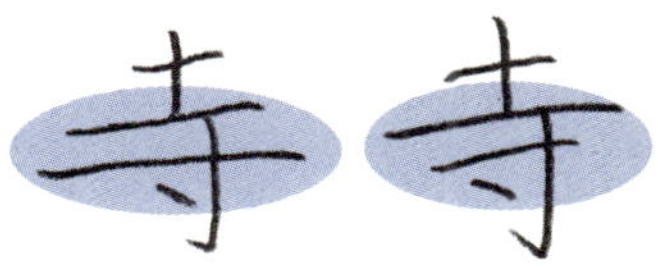

③

A　B

④

A　B

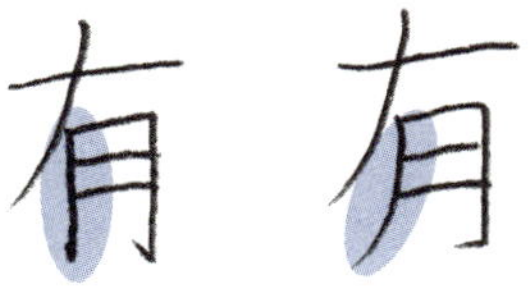

⑤ア

A　B

⑤イ

A　B

⑥ア

A　B

⑥イ

A　B

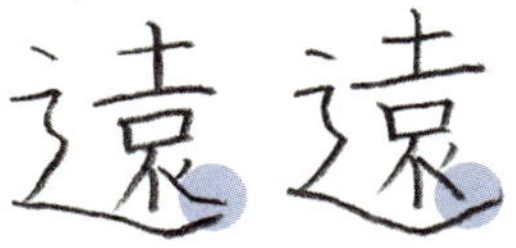

⑦

A　B

⑧

A　B

〈解答《かいとう》〉

❶

①A ②A ③B ④B ⑤アA イA

⑥アA イA ⑦B ⑧A

〈解説《かいせつ》〉

①「落」の部首《ぶしゅ》は「さんずい」ではなく「草《くさ》かんむり」です。

②「寺」は、横棒三本《よこぼうさんぼん》のうち真《ま》ん中《なか》の一本《いっぽん》が最《もっと》も長《なが》いということを覚《おぼ》えておきましょう。

③「様」の右側《みぎがわ》の中央《ちゅうおう》の縦線《たてせん》は、一続《ひとつづ》きに書《か》きます。

〈知識《ちしき》を広《ひろ》げる！〉

前《ぜん》ページの文字《もじ》を使《つか》った次《つぎ》のそれぞれの言葉《ことば》を、なぞって書《か》いてみましょう（まずは指書《ゆびが》きしてみること）。

落《お》ちる 落ちる 落ちる

寺《てら》 寺 寺

時《とき》 時 時 時

持《も》つ 持つ 待《ま》つ 待つ

公園《こうえん》 公園 公園 公園

遠足《えんそく》 遠足 遠足 遠足

様子《ようす》 様子 様子 様子

一報《いっぽう》 一報 一報 一報

衣服《いふく》 衣服 衣服 衣服

船《ふね》 船 水《みず》 水 有名《ゆうめい》 有名

Part2
04
日本語《にほんご》の常識《じょうしき》④〈原稿用紙《げんこうようし》〉

月　日
ランク
ミス0〜2個《こ》 A
ミス3〜5個《こ》 B
ミス6個《こ》以上《いじょう》 C

❶ 下《した》の文章《ぶんしょう》を、原稿用紙《げんこうようし》の正《ただ》しい使《つか》い方《かた》を意識《いしき》しながら左《ひだり》のマス目《め》の中《なか》に書《か》き写《うつ》しなさい。縦書《たてが》きで書《か》くこと。

　サンタクロースは、いるのか、いないのか。リサはどう思《おも》っているんだろう。

「ねえ、リサ。サンタクロースって、いるのかな。いるよね、きっと。」

「いないに決《き》まってるでしょ。プレゼントは、お父《とう》さんが夜中《よなか》に置《お》いてくれるんだよ。」

そう言《い》いながら笑《わら》っているリサが少《すこ》し大人《おとな》に見《み》えたけれど、やっぱりサンタさんはいると私《わたし》は思《おも》う。

　そして、クリスマスイブの日《ひ》がやってきた。

❶ 〈解答《かいとう》〉 左《ひだり》に示《しめ》すとおり

　サンタクロースは、いるのか、いないのか。
リサはどう思っているんだろう。
「ねえ、リサ。サンタクロースって、いるの
かな。いるよね、きっと」。
「いないに決まってるでしょ。プレゼントは、
　お父さんが夜中に置いていてくれるんだよ」。
そう言いながら笑っているリサが少し大人に
見えたけれど、やっぱりサンタさんはいると
私は思う。
　そして、クリスマスイブの日がやってきた。

〈解説《かいせつ》〉 原稿用紙《げんこうようし》に文章《ぶんしょう》を書《か》く際《さい》には、次《つぎ》の四《よっ》つのルールを必《かなら》ず守《まも》りましょう。

① 句点《くてん》（。）も読点《とうてん》（、）も、一《ひと》マス使《つか》う。

② 「」は、それぞれ一《ひと》マス使《つか》う。

③ ただし、句読点《くとうてん》や」が行頭《ぎょうとう》にくるときは、行末《ぎょうまつ》のマスに収《おさ》めるか、そのマスの外《そと》に出《だ》す。

④ 段落《だんらく》の最初《さいしょ》は一《ひと》マス空《あ》ける。

〈知識《ちしき》を広《ひろ》げる！〉

会話文《かいわぶん》の場合《ばあい》の出《で》だしの「は改行《かいぎょう》して書《か》きますが、一《ひと》マス空《あ》ける必要《ひつよう》はありません※。会話文《かいわぶん》が二行以上《にぎょういじょう》に渡《わた》る場合《ばあい》、二行《にぎょう》め以降《いこう》は行頭《ぎょうとう》を一《ひと》マス空《あ》けます（ただしこれは主《おも》に小学校教科書《しょうがっこうきょうかしょ》におけるルールであり、中学校《ちゅうがっこう》以降《いこう》ないし一般《いっぱん》には行《おこな》われていないことが多《おお》いようです）。

※「クリスマス」とは、……のように、会話文以外《かいわぶんいがい》を「」でくる場合《ばあい》は、一《ひと》マス空《あ》ける必要《ひつよう》があります。

今回《こんかい》の例文《れいぶん》の「そう言《い》いながら」の「そ」の上《うえ》を一《ひと》マス空《あ》ける必要《ひつよう》はありません。直前《ちょくぜん》の会話《かいわ》の内容《ないよう》を受《う》けて「そう」と言《い》っており、意味《いみ》がつながっているからです。逆《ぎゃく》に、意味《いみ》を分《わ》けるべく段落《だんらく》を改《あらた》める場合《ばあい》は、一《ひと》マス空《あ》けてかまいません。

なお、句読点《くとうてん》は、マス目《め》の右上《みぎうえ》に寄《よ》せて書《か》きます。

また、「」の正《ただ》しい位置《いち》は、次《つぎ》のとおりです。

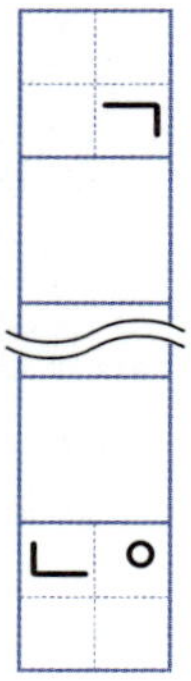

Part2
05

日《に》本《ほん》語《ご》の常《じょう》識《しき》⑤〈和《わ》語《ご》〉

❶ それぞれの意味《いみ》に合《あ》うように、空欄《くうらん》にひらがなを書《か》き入《い》れなさい。指定《してい》された文字数《もじすう》で書《か》くこと。

例《れい》 非常《ひじょう》に白《しろ》い雪《ゆき》。純白《じゅんぱく》の雪《ゆき》。
→「（まっ）白《しろ》い雪《ゆき》」（2字《じ》）

① いかにも弱々《よわよわ》しい声《こえ》。
→「（　　）細《ぼそ》い声《こえ》」（1字《じ》）

② 不確《ふたし》かでぼんやりした記憶《きおく》。
→「（　　）覚《おぼ》え」（2字《じ》）

③ かすかに見《み》える光《ひかり》。
→「（　　）見《み》える光《ひかり》」（2字《じ》）

④ 非常《ひじょう》にまじめな人《ひと》。
→「（　　）まじめな人《ひと》」（1字《じ》）

⑤ ひどく驚《おどろ》かされる。
→「（　　）肝《ぎも》を抜《ぬ》かれる」（1字《じ》）

⑥ 読《よ》んでいる途中《とちゅう》の本《ほん》。
→「読《よ》み（　　）の本《ほん》」（2字《じ》）

⑦ いかにもおおげさな言《い》い方《かた》。
→「芝居《しばい》（　　）言《い》い方《かた》」（4字《じ》）

⑧ よくある話《はなし》。
→「あり（　　）な話《はなし》」（2字《じ》）

⑨ 大人《おとな》のように見《み》える振《ふ》る舞《ま》い。
→「大人《おとな》（　　）振《ふ》る舞《ま》い」（2字《じ》）

⑩ いかにも安物《やすもの》らしい感《かん》じがする服《ふく》。
→「安《やす》（　　）服《ふく》」（3字《じ》）

月　日

ランク

正解《せいかい》8～10個
A

正解《せいかい》5～7個《こ》
B

正解《せいかい》0～4個《こ》
C

〈解答《かいとう》〉

1

①か　②うろ　③ほの　④き　⑤ど　⑥かけ
⑦がかった　⑧がち　⑨びた　⑩っぽい

〈解説《かいせつ》〉

①〜⑤は「接頭語《せっとうご》」※を、⑥〜⑩は「接尾語《せつびご》」※を考《かんが》える問題《もんだい》です（※「接頭語《せっとうご》・接尾語《せつびご》に類《るい》するもの」も含《ふく》む）。

①「か弱《よわ》い」も似《に》た意味《いみ》です。

③「ほの暗《ぐら》い」「ほのめかす」などのように、「ほの」がつくと「かすかな・わずかな」といった意味合《いみあ》いが生《う》まれます。

⑦「〜がかる」は、「〜に似《に》た感《かん》じになる」といった意《い》味《み》を持《も》ちます。「赤《あか》みがかった葉《は》」と言《い》えば、「赤色《あかいろ》を帯《お》びた葉《は》」「赤《あか》い部分《ぶぶん》を含《ふく》み持《も》った葉《は》」といった意味《いみ》です。

〈知識《ちしき》を広《ひろ》げる！〉

今回《こんかい》の問題《もんだい》は、和語《わご》※における接頭語《せっとうご》・接尾語《せつびご》を扱《あつか》いました（※漢語《かんご》・外来語《がいらいご》に対《たい》して、日本語本来《にほんごほんらい》の言葉《ことば》）。

そこで、漢語《かんご》における接頭語《せっとうご》・接尾語《せつびご》（及《およ》びそれに類《るい》する言葉《ことば》）も、確《たし》かめてみましょう。

次《つぎ》のそれぞれについて、書《か》かれた意味《いみ》に合《あ》うよう空欄《くうらん》を埋《う》めます。指定《してい》された字数《じすう》の漢字《かんじ》を書《か》き入《い》れなさい。

① 科学的《かがくてき》でないこと。
↓「（　　）科学的《かがくてき》」（1字《じ》）

② 必要《ひつよう》ではないこと。
↓「（　　）必要《ひつよう》」（1字《じ》）

③ まだ解決《かいけつ》していないこと。
↓「（　　）解決《かいけつ》」（1字《じ》）

④ 責任感《せきにんかん》がないこと。
↓「（　　）責任《せきにん》」（1字《じ》）

⑤ もう一度《いちど》組《く》み立《た》てること。組《く》み立《た》て直《なお》すこと。
↓「（　　）構成《こうせい》」（1字《じ》）

⑥ 少《すこ》し風邪《かぜ》を引《ひ》いているような感《かん》じ。
↓「風邪《かぜ》（　　）」（2字《じ》）

⑦ 安全《あんぜん》であることの度合《どあ》い。
↓「安全《あんぜん》（　　）」（1字《じ》）

答《こた》えは①非《ひ》、②不《ふ》、③未《み》、④無《む》、⑤再《さい》、⑥気味《ぎみ》、⑦性《せい》となります。⑦に類《るい》する、「〜的《てき》」「〜感《かん》」といった接尾語《せつびご》のつく言葉《ことば》も多々《たた》あります。書《か》き出《だ》してみましょう。

Part2
06

日本語《にほんご》の常識《じょうしき》❻〈決《き》まり文句《もんく》〉

月　日

ランク
正解《せいかい》8〜9個《こ》　A
正解《せいかい》5〜7個《こ》　B
正解《せいかい》0〜4個《こ》　C

❶ 次《つぎ》の各文章《かくぶんしょう》の空欄《くうらん》を埋《う》めるのにふさわしい言葉《ことば》をあとの語群《ごぐん》から選《えら》び、書《か》き入《い》れなさい。同《おな》じ言葉《ことば》は一度《いちど》しか使《つか》えません。

① 宿題《しゅくだい》の締切《しめきり》は一週間後《いっしゅうかんご》だが、早《はや》めに終《お》わらせておくに（　　　　）。

② あのマンガが子《こ》どもに悪影響《あくえいきょう》を与《あた》えるという意見《いけん》は、意見全体《いけんぜんたい》の一割《いちわり》に（　　　　）。だから、図書室《としょしつ》からすぐ撤去《てっきょ》するというのは、やりすぎだ。

③ 体育《たいいく》の時間《じかん》に頭《あたま》を打《う》って長時間《ちょうじかん》うずくまっている子《こ》がいた。場所《ばしょ》が場所《ばしょ》（　　　　）、担任《たんにん》は救急車《きゅうきゅうしゃ》を呼《よ》ぶことにした。

④（　　　　）ですが、一緒《いっしょ》に行《い》くことはできません。その日《ひ》は、もう予定《よてい》が入《はい》っていますので。

⑤ 初《はじ》めて会《あ》う人《ひと》なのにそんなかっこうでは、悪《わる》い印象《いんしょう》を与《あた》え（　　　　）。もうちょっと服装《ふくそう》を選《えら》んだほうがいいよ。

⑥ 心配《しんぱい》ごとがあり、食《た》べ物《もの》（　　　　）飲《の》み物《もの》さえまともに喉《のど》をとおらなかった。

⑦ 徹夜《てつや》して（　　　　）終《お》わらせなければならない仕事《しごと》があるのです。

⑧ 図書室《としょしつ》で騒《さわ》ぐとは、迷惑《めいわく》（　　　　）。

⑨ 素晴《すば》らしい歌声《うたごえ》だ。ファンが増《ふ》え続《つづ》けているという（　　　　）のことはある。

〈語群《ごぐん》〉
どころか　せっかく　すぎない　だけに　でも
かねない　こしたことはない　きわまりない　だけ

〈解答《かいとう》〉

1

①こしたことはない ②すぎない ③だけに
④せっかく ⑤かねない ⑥どころか ⑦でも
⑧きわまりない ⑨だけ

〈解説《かいせつ》〉

①「(～に)こしたことはない」は、絶対《ぜったい》そうすべきというわけではないが念《ねん》のためそうしておくほうがよい、といった意味《いみ》です。

②「(～に)すぎない」は、そのものごとの程度《ていど》の低《ひく》さを強調《きょうちょう》します。「～だけである」といった意味《いみ》です。

③「～だけに」は、「～だから、なおいっそう」といった意味《いみ》です。

⑤「～(し)かねない」は、このままでは状況《じょうきょう》が悪化《あっか》するというときに、「～(して)しまうかもしれない」といった意味《いみ》で使《つか》います。

聞《き》いたことがあるような気《き》がするが自分《じぶん》から使《つか》ったことはない――そういう言葉《ことば》もけっこうあるのではないでしょうか。

まずは、使《つか》ってみることです。使《つか》う場面《ばめん》を間違《まちが》うこともあるかもしれませんが、それもまた勉強《べんきょう》です。使《つか》って初《はじ》めて、言葉《ことば》は自分《じぶん》のものになるのです。

〈知識《ちしき》を広《ひろ》げる!〉

次《つぎ》の各文《かくぶん》の――部《ぶ》を、考《かん》えてみましょう。

①あの調子《ちょうし》では、その後《ご》の試合展開《しあいてんかい》は想像《そうぞう》に――。

②当《あ》たり前《まえ》のことをしただけです、お礼《れい》には――。

③うわさは校内《こうない》に――、周《まわ》りの学校《がっこう》にまで広《ひろ》まった。

④傘《かさ》だけなら――、ランドセルまで忘《わす》れてくるなんて。

⑤気《き》をつけますと言《い》った――から、ミスをしている。

さて、浮《う》かびましたか。解答例《かいとうれい》は、次《つぎ》のとおり。

①かたくない ②およびません ③とどまらず
④まだしも ⑤そば

Part2 07

日本語《にほんご》の常識《じょうしき》⑦ 〈親族《しんぞく》の呼《よ》び方《かた》〉

❶ 下《した》の図《ず》は、親族《しんぞく》のつながりを表《あらわ》した図《ず》です。空欄《くうらん》を埋《う》めるのにふさわしい言葉《ことば》をあとの語群《ごぐん》から選《えら》び、書《か》き入《い》れなさい。同《おな》じ言葉《ことば》を二回使《にかいつか》ってもかまいません。

①（　　　）

②（　　　）

③（　　　）

④（　　　）

⑤（　　　）

⑥（　　　）

⑦（　　　）

⑧（　　　）

⑨（　　　）

⑩（　　　）

⑪（　　　）

〈語群《ごぐん》〉 祖母《そぼ》　甥《おい》　曾祖父《そうそふ》（曽祖父《そうそふ》）※　従妹《いとこ》　祖父《そふ》　姪《めい》　伯父《おじ》　曾祖母《そうそぼ》（曽祖母《そうそぼ》）※　叔母《おば》

※どちらの表記《ひょうき》でも可《か》

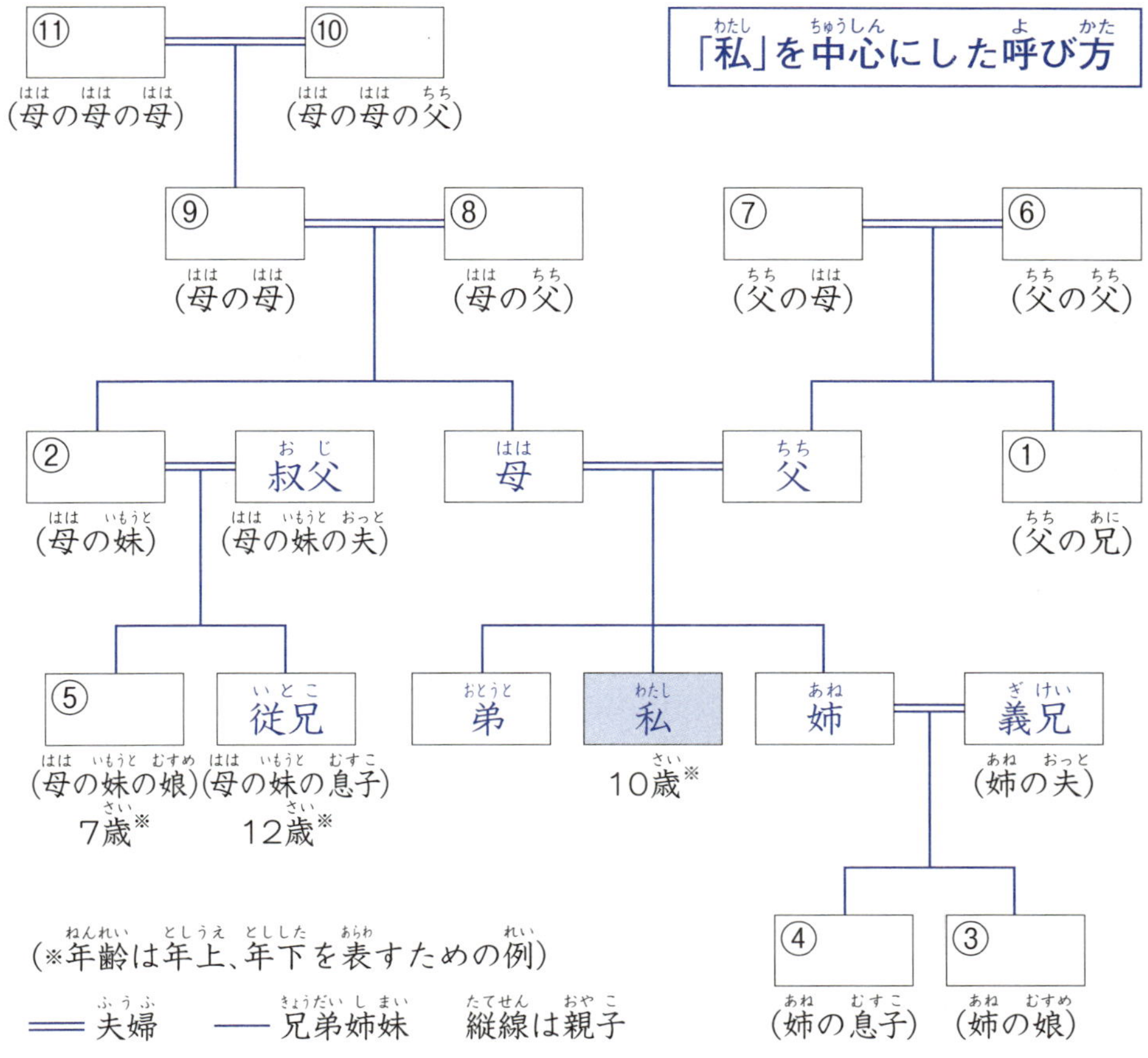

月　日

ランク

正解《せいかい》9～11個《こ》 A

正解《せいかい》6～8個 B

正解《せいかい》0～5個《こ》 C

〈解答《かいとう》〉

1

①伯父《おじ》　②叔母《おば》　③姪《めい》　④甥《おい》　⑤従妹《いとこ》

⑥祖父《そふ》　⑦祖母《そぼ》　⑧祖父《そふ》　⑨祖母《そぼ》

⑩曾祖父《そうそふ》（曽祖父《そうそふ》）　⑪曾祖母《そうそぼ》（曽祖母《そうそぼ》）

〈解説《かいせつ》〉

漢字《かんじ》にすると余計《よけい》ややこしいですから、まずはひらがなで書《か》ければ（つまり口《くち》で言《い》えれば）十分《じゅうぶん》です。とはいえ、漢字《かんじ》で書《か》ければよりよいでしょう。というのも、正確《せいかく》には次《つぎ》のような違《ちが》いがあるからです。

〈おじ・おば〉
叔父《おじ》……父母《ふぼ》の弟《おとうと》　叔母《おば》……父母《ふぼ》の妹《いもうと》
伯父《おじ》……父母《ふぼ》の兄《あに》　伯母《おば》……父母《ふぼ》の姉《あね》

「叔」がつくと年下《としした》、「伯」がつくと年上《としうえ》という違《ちが》いがあるわけです。

〈いとこ〉
従兄弟《いとこ》……男《おとこ》のいとこ　従姉妹《いとこ》……女《おんな》のいとこ
従兄《いとこ》・従姉《いとこ》……自分《じぶん》より年上《としうえ》のいとこ
従弟《いとこ》・従妹《いとこ》……自分《じぶん》より年下《としした》のいとこ

⑥と⑧、⑦と⑨はそれぞれ同《おな》じ「祖父《そふ》」「祖母《そぼ》」ですが、⑥・⑦は「父方《ちちかた》の祖父《そふ》・父方《ちちかた》の祖母《そぼ》」、⑧・⑨は「母方《ははかた》の祖父《そふ》・母方《ははかた》の祖母《そぼ》」などと呼《よ》び分《わ》けることがあります。

また、次《つぎ》のような呼《よ》び方《かた》は、なじみがあるでしょう。
曾祖父《そうそふ》（曽祖父《そうそふ》）……ひいじいさん（ひいおじいさん）
曾祖母《そうそぼ》（曽祖母《そうそぼ》）……ひいばあさん（ひいおばあさん）

なお、たとえば兄《あに》と妹《いもうと》を一度《いちど》に呼《よ》ぶ場合《ばあい》、「兄弟《きょうだい》」とも「姉妹《しまい》」とも書《か》けないため、「きょうだい」とひらがなで表記《ひょうき》することがあります。

〈知識《ちしき》を広《ひろ》げる！〉

前《ぜん》ページの図《ず》について説明《せつめい》した次《つぎ》の文《ぶん》の空欄《くうらん》を、前《ぜん》ページの図《ず》の中《なか》の漢字《かんじ》一字《いちじ》を用《もち》いて埋《う》めなさい。

・私《わたし》の（　　）と（　　）は、父母《ふぼ》の「孫《まご》」に当《あ》たる。

・私《わたし》の父《ちち》から見《み》ると、私《わたし》の母《はは》の（　　）は「義妹《ぎまい》」となる。夫《おっと》または妻《つま》の妹《いもうと》や、弟《おとうと》の妻《つま》などを義妹《ぎまい》と呼《よ》ぶ。

答《こた》えは、順《じゅん》に甥《おい》、姪《めい》（姪《めい》、甥《おい》）、妹《いもうと》が入《はい》ります。

なお、「はとこ」というのは、両親《りょうしん》のいとこの子《こ》どもを指《さ》します（「またいとこ」とも呼《よ》びます）。

この機会《きかい》に、あなた自身《じしん》の親族《しんぞく》のつながり（家系図《かけいず》）を図《ず》に整理《せいり》してみるとよいでしょう。

Part2 08

日本《にほん》の常識《じょうしき》❶〈人名《じんめい》〉

月　日

ランク

正解《せいかい》6〜8個《こ》 A

正解《せいかい》3〜5個《こ》 B

正解《せいかい》0〜2個《こ》 C

❶ それぞれの説明《せつめい》に合《あ》う選択肢《せんたくし》を一《ひと》つずつ選《えら》び、言葉《ことば》をマルで囲《かこ》みなさい（問題《もんだい》・解答《かいとう》ともに敬称略《けいしょうりゃく》）。

① ノーベル賞《しょう》※を受賞《じゅしょう》したことのない日本人《にほんじん》（※ノーベルの遺言《ゆいごん》に基《もと》づいて制定《せいてい》された、世界《せかい》で最《もっと》も権威《けんい》ある賞《しょう》）

湯川秀樹《ゆかわひでき》　山中伸弥《やまなかしんや》　川端康成《かわばたやすなり》　宮沢賢治《みやざわけんじ》

② 紙幣《しへい》（お札《さつ》）に肖像画《しょうぞうが》が使《つか》われたことのない日本人《にほんじん》

夏目漱石《なつめそうせき》　福沢諭吉《ふくざわゆきち》　野口英世《のぐちひでよ》　伊藤博文《いとうひろぶみ》

樋口一葉《ひぐちいちよう》　芥川龍之介《あくたがわりゅうのすけ》　聖徳太子《しょうとくたいし》

③ 次《つぎ》の中《なか》で、メジャーリーガー（アメリカのプロ野球《やきゅう》選手《せんしゅ》）となった年《とし》（西暦《せいれき》）が最《もっと》も早《はや》い日本人選手《にほんじんせんしゅ》

野茂英雄《のもひでお》　イチロー　松井秀喜《まついひでき》　ダルビッシュ有《ゆう》

④ 初《はじ》めて宇宙飛行《うちゅうひこう》をした日本人《にほんじん》

毛利衛《もうりまもる》　若田光一《わかたこういち》　秋山豊寛《あきやまとよひろ》　野口聡一《のぐちそういち》　向井千秋《むかいちあき》

⑤ 日本《にほん》を代表《だいひょう》するアニメ映画監督《えいがかんとく》

黒澤明《くろさわあきら》　宮﨑駿《みやざきはやお》　江戸川乱歩《えどがわらんぽ》　小津安二郎《おづやすじろう》

❷ 次《つぎ》のそれぞれについて答《こた》えなさい。

① 日本《にほん》の現在《げんざい》の総理大臣《そうりだいじん》の名《な》を書《か》きなさい。

（　　　　　　）

② あなたが住《す》む都道府県《とどうふけん》の現在《げんざい》の知事名《ちじめい》を書《か》きなさい。

（　　　　　　）

③ あなたが通《かよ》う学校《がっこう》の校長《こうちょう》の名《な》を書《か》きなさい。

（　　　　　　）

〈解答《かいとう》〉

❶ ①宮沢賢治《みやざわけんじ》 ②芥川龍之介《あくたがわりゅうのすけ》 ③野茂英雄《のもひでお》 ④秋山豊寛《あきやまとよひろ》 ⑤宮﨑駿《みやざきはやお》

❷ 略《りゃく》

〈解説《かいせつ》〉

①湯川秀樹《ゆかわひでき》は、日本人初《にほんじんはつ》のノーベル賞受賞者《しょうじゅしょうしゃ》です（1949年《ねん》・物理学賞《ぶつりがくしょう》）。川端康成《かわばたやすなり》は、日本人初《にほんじんはつ》のノーベル文学賞受賞者《ぶんがくしょうじゅしょうしゃ》です（1968年《ねん》）。山中伸弥《やまなかしんや》は、2012年《ねん》にノーベル生理学《せいりがく》・医学賞《いがくしょう》を受賞《じゅしょう》しました。

②伊藤博文《いとうひろぶみ》・夏目漱石《なつめそうせき》・野口英世《のぐちひでよ》はいずれも千円札《せんえんさつ》。樋《ひ》口《ぐち》一葉《いちよう》は五千円札《ごせんえんさつ》。福沢諭吉《ふくざわゆきち》は一万円札《いちまんえんさつ》。聖徳太子《しょうとくたいし》は、一万円札《いちまんえんさつ》のほかにも複数《ふくすう》の紙幣《しへい》に登場《とうじょう》しています。誰《だれ》がいつ紙幣《しへい》に登場《とうじょう》したのか、インターネットなどで詳《くわ》しく調《しら》べてみるとよいでしょう。

③野茂英雄《のもひでお》は1995年《ねん》にアメリカ大《だい》リーグ入《い》りを果《は》たした、日本人《にほんじん》メジャーリーガーの草分《くさわ》け的存在《てきそんざい》です。現《げん》在《ざい》、多《おお》くの日本人選手《にほんじんせんしゅ》が大《だい》リーグで活躍《かつやく》できるのは、彼《かれ》が道《みち》を切《き》り開《ひら》いたおかげであると言《い》えるでしょう。

イチローは、メジャーリーグにおける年間安打数《ねんかんあんだすう》の記《き》録《ろく》を84年《ねん》ぶりに塗《ぬ》り替《か》える262本《ほん》を記録《きろく》する（2004年《ねん》）など、数々《かずかず》の目覚《めざ》ましい成果《せいか》を上《あ》げてきました。

④日本人初《にほんじんはつ》のスペースシャトル搭乗《とうじょう》は毛利衛《もうりまもる》です（1992年《ねん》）。秋山豊寛《あきやまとよひろ》はソユーズ搭乗《とうじょう》です（1990年《ねん》）。

⑤黒澤明《くろさわあきら》、小津安二郎《おづやすじろう》とともに日本《にほん》を代表《だいひょう》する映画監督《えいがかんとく》と言《い》えますが、アニメではなく実写《じっしゃ》です。江戸川乱歩《えどがわらんぽ》は推《すい》理小説家《りしょうせつか》です。

〈知識《ちしき》を広《ひろ》げる！〉

❷は、リーダーの名《な》を問《と》う設問《せつもん》です。日本《にほん》のリーダー、都道府県《とどうふけん》のリーダー、そして学校《がっこう》のリーダー。最低《さいてい》でも「言《い》える」こと、できれば「書《か》ける」のが理想《りそう》です。

人名《じんめい》を書《か》けるようになるためには、一度《いちど》でも実際《じっさい》に書《か》いてみることが不可欠《ふかけつ》です。新聞《しんぶん》、テレビや本《ほん》などで出《で》会《あ》った人名《じんめい》を、まず口《くち》に出《だ》して言《い》ってみて、その上《うえ》で書《か》いてみる。それだけでも、知識《ちしき》は増《ふ》えていくはずです。

Part2 09

日本《にほん》の常識《じょうしき》②〈都道府県名《とどうふけんめい》〉

❶ 下図《かず》は日本地図《にほんちず》です。都道府県名《とどうふけんめい》を書《か》き入《い》れなさい（できるだけ漢字《かんじ》で書《か》くこと）。

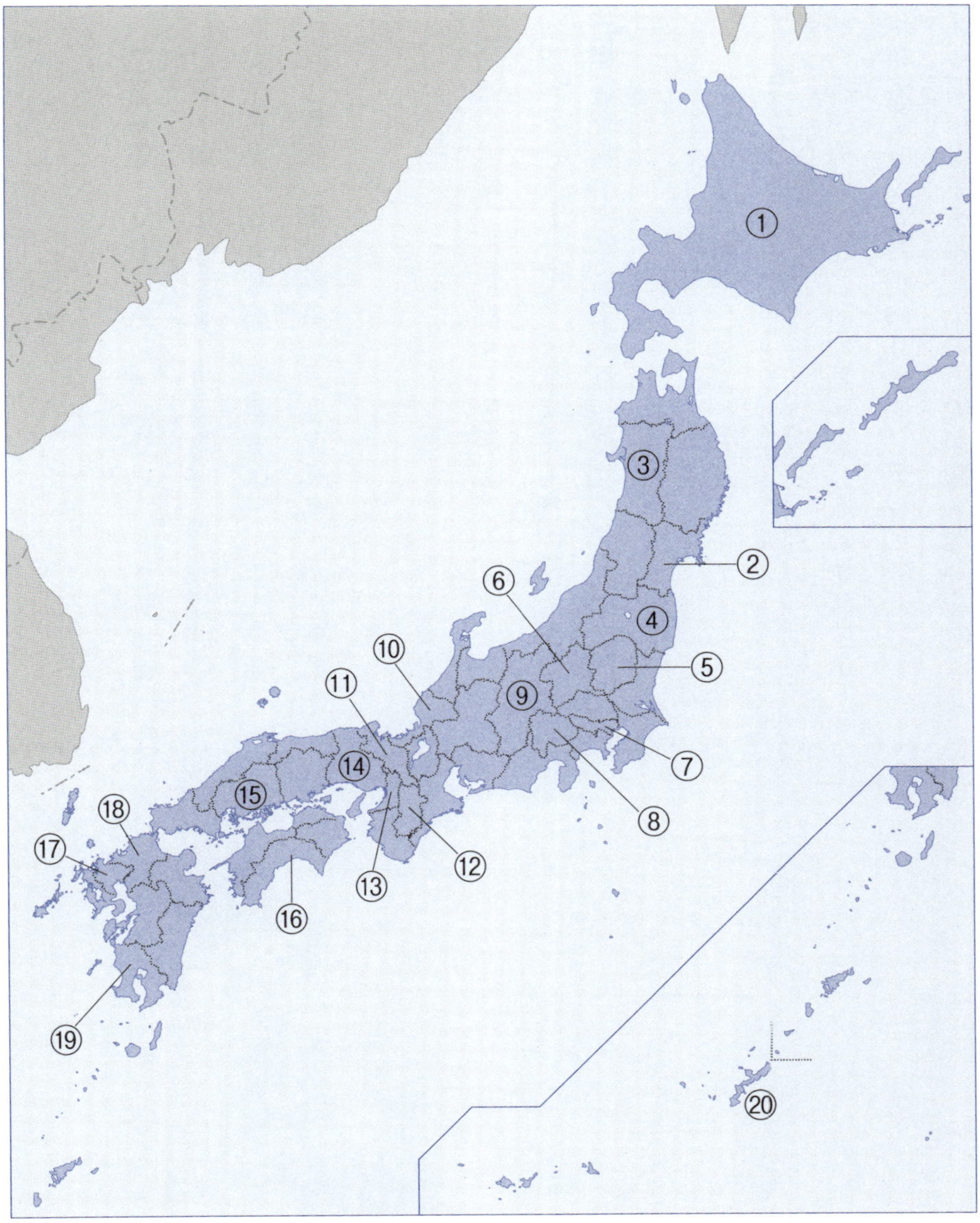

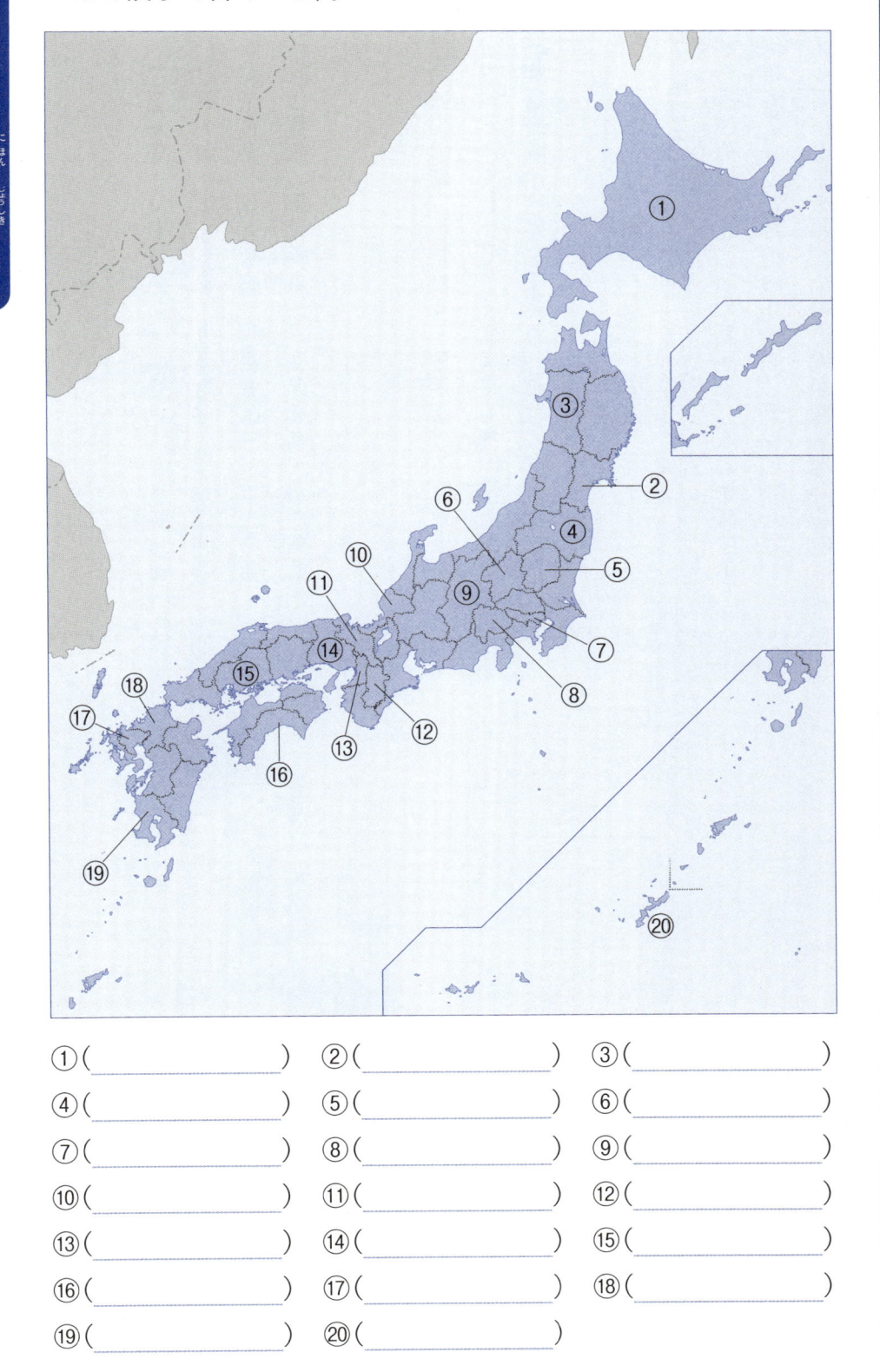

①（　　　　　　）　②（　　　　　　）　③（　　　　　　）

④（　　　　　　）　⑤（　　　　　　）　⑥（　　　　　　）

⑦（　　　　　　）　⑧（　　　　　　）　⑨（　　　　　　）

⑩（　　　　　　）　⑪（　　　　　　）　⑫（　　　　　　）

⑬（　　　　　　）　⑭（　　　　　　）　⑮（　　　　　　）

⑯（　　　　　　）　⑰（　　　　　　）　⑱（　　　　　　）

⑲（　　　　　　）　⑳（　　　　　　）

月　日

ランク

正解《せいかい》16～20個《こ》 A

正解《せいかい》10～15個《こ》 B

正解《せいかい》0～9個《こ》 C

〈解答《かいとう》〉

1

①北海道《ほっかいどう》 ②宮城県《みやぎけん》 ③秋田県《あきたけん》 ④福島県《ふくしまけん》 ⑤栃木県《とちぎけん》

⑥群馬県《ぐんまけん》 ⑦東京都《とうきょうと》 ⑧山梨県《やまなしけん》 ⑨長野県《ながのけん》 ⑩福井県《ふくいけん》

⑪京都府《きょうとふ》 ⑫奈良県《ならけん》 ⑬大阪府《おおさかふ》 ⑭兵庫県《ひょうごけん》 ⑮広島県《ひろしまけん》

⑯高知県《こうちけん》 ⑰佐賀県《さがけん》 ⑱福岡県《ふくおかけん》 ⑲鹿児島県《かごしまけん》 ⑳沖縄県《おきなわけん》

〈解説《かいせつ》〉

都道府県名《とどうふけんめい》は、通常《つうじょう》、小学校《しょうがっこう》4～5年生《ねんせい》ごろに覚《おぼ》えることになりますが、それより早《はや》く覚《おぼ》えても何《なん》の損《そん》もありません。47都道府県《とどうふけん》すべてを言《い》える（書《か》ける）ようにしましょう。

〈知識《ちしき》を広《ひろ》げる！〉

いくつかの都道府県《とどうふけん》をまとめた範囲《はんい》を、次《つぎ》の語群《ごぐん》に示《しめ》すような地方名《ちほうめい》で呼《よ》ぶことがあります。テレビの天気予報《てんきよほう》などでよく耳《みみ》にしますね。下《した》の図《ず》の空欄《くうらん》を埋《う》めるのにふさわしい地方名《ちほうめい》を次《つぎ》の語群《ごぐん》から選《えら》び、書《か》き入《い》れなさい。

〈語群《ごぐん》〉
北海道地方《ほっかいどうちほう》　東北地方《とうほくちほう》　関東地方《かんとうちほう》　中部地方《ちゅうぶちほう》
近畿地方《きんきちほう》　中国地方《ちゅうごくちほう》　四国地方《しこくちほう》　九州地方《きゅうしゅうちほう》

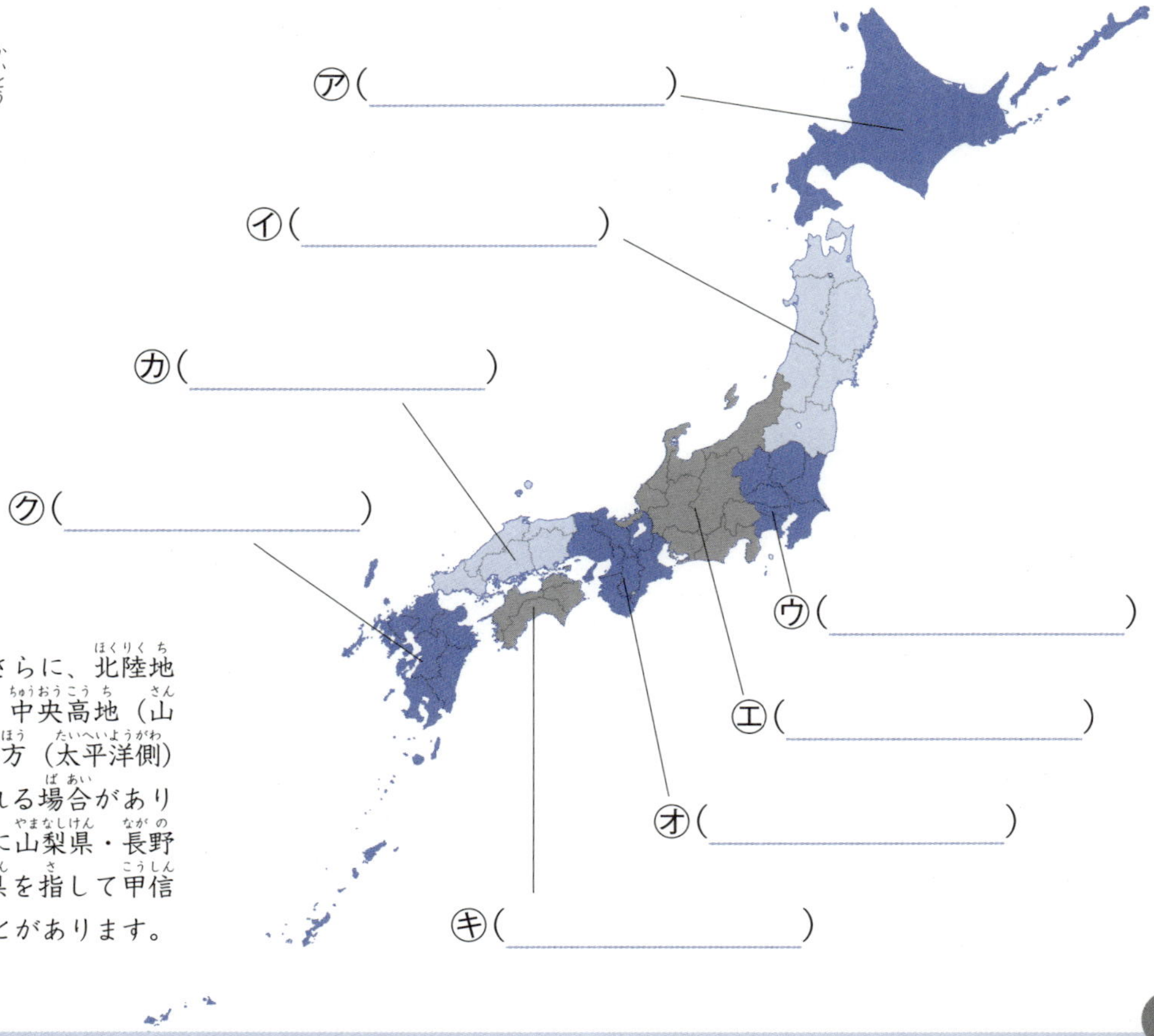

解答《かいとう》

㋐北海道地方《ほっかいどうちほう》 ㋓中部地方《ちゅうぶちほう》 ㋖四国地方《しこくちほう》

㋑東北地方《とうほくちほう》 ㋔近畿地方《きんきちほう》 ㋗九州地方《きゅうしゅうちほう》

㋒関東地方《かんとうちほう》 ㋕中国地方《ちゅうごくちほう》

※中部地方《ちゅうぶちほう》は、さらに、北陸地方《ほくりくちほう》（日本海側《にほんかいがわ》）、中央高地《ちゅうおうこうち》（山岳地域《さんがくちいき》）、東海地方《とうかいちほう》（太平洋側《たいへいようがわ》）の3つに分《わ》けられる場合《ばあい》があります。また、特《とく》に山梨県《やまなしけん》・長野県《ながのけん》・新潟県《にいがたけん》の3県《けん》を指《さ》して甲信越地方《こうしんえつちほう》と呼《よ》ぶことがあります。

日本《にほん》の常識《じょうしき》③〈歴史《れきし》〉

❶ 下図《かず》は、日本《にほん》の歴史《れきし》を表《あらわ》しています※。図《ず》の空欄《くうらん》を埋《う》めるのにふさわしい言葉《ことば》を語群《ごぐん》から選《えら》び、書《か》き入《い》れなさい。

〈語群《ごぐん》〉 平安京《へいあんきょう》　大正《たいしょう》　弥生《やよい》　鎌倉《かまくら》　明治《めいじ》　江戸《えど》　昭和《しょうわ》　縄文《じょうもん》
平城京《へいじょうきょう》　織田信長《おだのぶなが》　第一次世界大戦《だいいちじせかいたいせん》　徳川家康《とくがわいえやす》
第二次世界大戦《だいにじせかいたいせん》　平安《へいあん》

現在《げんざい》
平成時代《へいせいじだい》
1989年《ねん》
⑧(　　　　　　)時代《じだい》　　1939～45年《ねん》 ⑭(　　　　　　)
1926年《ねん》
⑦(　　　　　　)時代《じだい》　　1914～18年《ねん》 ⑬(　　　　　　)
1912年《ねん》
⑥(　　　　　　)時代《じだい》
1868年《ねん》 鳥羽《とば》・伏見《ふしみ》の戦《たたか》い
(1867年《ねん》、徳川慶喜《とくがわよしのぶ》が大政奉還《たいせいほうかん》を奏上《そうじょう》)
⑤(　　　　　　)時代《じだい》
1603年《ねん》 ⑫(　　　　　　)が征夷大将軍《せいいたいしょうぐん》になる
安土《あづち》・桃山時代《ももやまじだい》
1568年《ねん》 ⑪(　　　　　　)が入京《にゅうきょう》
室町時代《むろまちじだい》
1333年《ねん》 鎌倉幕府《かまくらばくふ》が滅亡《めつぼう》
④(　　　　　　)時代《じだい》
1185年《ねん》 この頃《ころ》、鎌倉幕府《かまくらばくふ》が成立《せいりつ》
(1192年《ねん》、源 頼朝《みなもとのよりとも》が征夷大将軍《せいいたいしょうぐん》になる)
③(　　　　　　)時代《じだい》
794年《ねん》 ⑩(　　　　　　)に都《みやこ》を遷《うつ》す
奈良時代《ならじだい》
710年《ねん》 ⑨(　　　　　　)に都《みやこ》を遷《うつ》す
飛鳥時代《あすかじだい》
592年《ねん》
古墳時代《こふんじだい》
250年頃《ねんごろ》
②(　　　　　　)時代《じだい》
①(　　　　　　)時代《じだい》
旧石器時代《きゅうせっきじだい》

※時代区分《じだいくぶん》や西暦等《せいれきとう》には諸説《しょせつ》あります。『一冊《いっさつ》でわかる イラストでわかる 図解日本史《ずかいにほんし》』(成美堂出版《せいびどうしゅっぱん》)などを参照《さんしょう》しています。

月　日
ランク
正解《せいかい》10～14個《こ》 A
正解《せいかい》6～9個《こ》 B
正解《せいかい》0～5個《こ》 C

〈解答《かいとう》〉

1

①縄文《じょうもん》 ②弥生《やよい》 ③平安《へいあん》 ④鎌倉《かまくら》 ⑤江戸《えど》 ⑥明治《めいじ》
⑦大正《たいしょう》 ⑧昭和《しょうわ》 ⑨平城京《へいじょうきょう》 ⑩平安京《へいあんきょう》 ⑪織田信長《おだのぶなが》
⑫徳川家康《とくがわいえやす》 ⑬第一次世界大戦《だいいちじせかいたいせん》 ⑭第二次世界大戦《だいにじせかいたいせん》

〈解説《かいせつ》〉

日本《にほん》の歴史《れきし》については、主《おも》に小学校《しょうがっこう》6年生《ねんせい》の社会科《しゃかいか》で学習《がくしゅう》しますが、今回《こんかい》の問題《もんだい》の空欄《くうらん》を埋《う》められる程度《ていど》の知《ち》識《しき》は、5年生《ねんせい》以下《いか》でも持《も》っていてほしいものです。

細《こま》かな年号《ねんごう》やできごとを覚《おぼ》えるより先《さき》に、全体《ぜんたい》の流《なが》れをつかむことが大切《たいせつ》です。まずは、時代《じだい》の順序《じゅんじょ》をしっかり頭《あたま》に入《い》れましょう。

〈知識《ちしき》を広《ひろ》げる！〉

西暦年数《せいれきねんすう》だけではつかみづらい点《てん》があります。

それは、それぞれの時代《じだい》がおよそ何年間続《なんねんかんつづ》いたのか、ということです。

そこで、問題《もんだい》です。飛鳥時代《あすかじだい》から昭和時代《しょうわじだい》までの各時《かくじ》代《だい》について、年数《ねんすう》を引《ひ》き算《ざん》し、空欄《くうらん》を埋《う》めなさい。また、一《いち》の位《くらい》を四捨五入《ししゃごにゅう》し、およその年数《ねんすう》を書《か》き入《い》れなさい。

～それぞれの時代《じだい》が何年《なんねん》くらい続《つづ》いたのか、計算《けいさん》してみよう～

飛鳥時代《あすかじだい》　710－592＝（　　　）→およそ（　　　）年《ねん》
奈良時代《ならじだい》　794－710＝（　　　）→およそ（　　　）年《ねん》
平安時代《へいあんじだい》　1185－794＝（　　　）→およそ（　　　）年《ねん》
鎌倉時代《かまくらじだい》　1333－1185＝（　　　）→およそ（　　　）年《ねん》
室町時代《むろまちじだい》　1568－1333＝（　　　）→およそ（　　　）年《ねん》
安土《あづち》・桃山時代《ももやまじだい》　1603－1568＝（　　　）→およそ（　　　）年《ねん》
江戸時代《えどじだい》　1868－1603＝（　　　）→およそ（　　　）年《ねん》
明治時代《めいじじだい》　1912－1868＝（　　　）→およそ（　　　）年《ねん》
大正時代《たいしょうじだい》　1926－1912＝（　　　）→およそ（　　　）年《ねん》
昭和時代《しょうわじだい》　1989－1926＝（　　　）→およそ（　　　）年《ねん》

解答《かいとう》(それぞれ「差《さ》→およそ」の順《じゅん》／上《うえ》から順《じゅん》に) 118→120、84→80、391→390、148→150、235→240、35→40、265→270、44→40、14→10、63→60

Part2 11 日本《にほん》の常識《じょうしき》④〈大震災《だいしんさい》〉

月　日

ランク

正解《せいかい》10～13個《こ》 A

正解《せいかい》6～9個《こ》 B

正解《せいかい》0～5個《こ》 C

1 次《つぎ》の各項目《かくこうもく》の空欄《くうらん》を埋《う》めるのにふさわしい言葉《ことば》をあとの語群《ごぐん》から選《えら》び、書《か》き入《い》れなさい。同《おな》じ言葉《ことば》は一度《いちど》しか使《つか》えません。答《こた》えに用《もち》いない言葉《ことば》も含《ふく》まれています。なお、Mはマグニチュードを意味《いみ》します。

①

◆関東大震災《かんとうだいしんさい》

〈地震発生《じしんはっせい》〉（　　　）年《ねん》9月《がつ》1日《ついたち》 午前《ごぜん》11時《じ》58分《ぷん》

〈地震規模《じしんきぼ》〉M（　　　）　〈震源《しんげん》〉相模湾北部《さがみわんほくぶ》

〈被害《ひがい》〉死者《ししゃ》・行方不明者数《ゆくえふめいしゃすう》　約《やく》（　）万《まん》5千人《せんにん》

②

◆（　　　）大震災《だいしんさい》

〈地震発生《じしんはっせい》〉（　　　）年《ねん》1月《がつ》（　）日《にち》 （　　　）46分《ぷん》

〈地震規模《じしんきぼ》〉M7・3　〈震源《しんげん》〉淡路島北部《あわじしまほくぶ》

〈被害《ひがい》〉死者《ししゃ》・行方不明者数《ゆくえふめいしゃすう》　約《やく》（　）千人《せんにん》

③

◆（　　　）大震災《だいしんさい》

〈地震発生《じしんはっせい》〉（　　　）年《ねん》3月《がつ》11日《にち》 （　　　）46分《ぷん》

〈地震規模《じしんきぼ》〉M（　　　）　〈震源《しんげん》〉三陸沖《さんりくおき》

〈被害《ひがい》〉死者《ししゃ》・行方不明者数《ゆくえふめいしゃすう》　約《やく》（　）万《まん》9千人《せんにん》

〈語群《ごぐん》〉

1　6　10　17　午前《ごぜん》5時《じ》　午後《ごご》2時《じ》

東日本《ひがしにほん》　西日本《にしにほん》　阪神《はんしん》・淡路《あわじ》　北海道《ほっかいどう》

1995　2011　1945　2001

1923　9・0　8・5　7・9

55、56ページのデータは、主《おも》に『日本大百科全書《にほんだいひゃっかぜんしょ》』（小学館《しょうがっかん》）および警察庁《けいさつちょう》サイト http://www.npa.go.jp/archive/keibi/biki/higaijokyo.pdf による。

〈被害《ひがい》〉は、建物倒壊《たてものとうかい》・火災《かさい》・津波等《つなみとう》、災害全体《さいがいぜんたい》の被害《ひがい》。

〈解答《かいとう》〉

❶（それぞれ、順《じゅん》に）

①1923、7・9、10

②阪神《はんしん》・淡路《あわじ》、1995、17、午前《ごぜん》5時《じ》、6

③東日本《ひがしにほん》、2011、午後《ごご》2時《じ》、9・0、1

〈解説《かいせつ》〉

①関東大震災《かんとうだいしんさい》の正確《せいかく》な死者数《ししゃすう》は9万《まん》1344人《にん》、行方不明者数《ゆくえふめいしゃすう》は1万《まん》3275人《にん》とされています。ちょうど昼食《ちゅうしょく》時《じ》であり火《ひ》を多用《たよう》していたため東京《とうきょう》は大火災《だいかさい》となりました。火災《かさい》による死者数《ししゃすう》が、死者全体《ししゃぜんたい》の約《やく》87%※1に及《およ》ぶことが、関東大震災《かんとうだいしんさい》の特徴《とくちょう》の一《ひと》つであると言《い》えます。

なお、9月1日《がつついたち》が防災《ぼうさい》の日《ひ》とされているのは、「関東《かんとう》大震災《だいしんさい》の起《お》きた日《ひ》だから」というのが一《ひと》つの理由《りゆう》です。

②阪神《はんしん》・淡路大震災《あわじだいしんさい》の正確《せいかく》な死者数《ししゃすう》は6434人《にん》、行方《ゆくえ》不明者数《ふめいしゃすう》は3人《にん》とされています。家屋《かおく》・建物《たてもの》の倒壊《とうかい》による死者数《ししゃすう》が、死者全体《ししゃぜんたい》の約《やく》83%※2に及《およ》ぶことが、阪神《はんしん》・淡路大震災《あわじだいしんさい》の特徴《とくちょう》の一《ひと》つであると言《い》えます。

③東日本大震災《ひがしにほんだいしんさい》の正確《せいかく》な死者数《ししゃすう》は15884人《にん》、行方不明者数《ゆくえふめいしゃすう》は2640人《にん》とされています（2014年初頭現在《ねんしょとうげんざい》）。津波《つなみ》による死者数《ししゃすう》が、死者全体《ししゃぜんたい》の約《やく》92%※3に及《およ》ぶことが、東日本大震災《ひがしにほんだいしんさい》の特徴《とくちょう》の一《ひと》つであると言《い》えます。

また、東日本大震災《ひがしにほんだいしんさい》では地震発生後《じしんはっせいご》、福島第一原子力《ふくしまだいいちげんしりょく》発電所《はつでんしょ》において、放射性物質《ほうしゃせいぶっしつ》が漏《も》れ出《で》るという重大事故《じゅうだいじこ》が発生《はっせい》しました。津波《つなみ》の浸水《しんすい》による原子炉《げんしろ》の電源喪失《でんげんそうしつ》や、原子炉建屋内《げんしろたてやない》での水素爆発《すいそばくはつ》などが生《しょう》じ、付近《ふきん》の住民《じゅうみん》は避難《ひなん》を余儀《よぎ》なくされました。

※1〜3いずれも、国土交通省《こくどこうつうしょう》サイトより。
http://www.nilim.go.jp/lab/bcg/siryou/tnn/tnn0674pdf/ks067404.pdf

〈知識《ちしき》を広《ひろ》げる！〉

「震災《しんさい》」とは、地震《じしん》と、それによって引《ひ》き起《お》こされた災害《さいがい》のすべてを含《ふく》めた言葉《ことば》です。単《たん》に「○○地震《じしん》」と呼《よ》ぶのとは異《こと》なり、その災害規模《さいがいきぼ》の大《おお》きさを感《かん》じさせます。

これら大規模震災《だいきぼしんさい》の教訓《きょうくん》をもとに、火災《かさい》になりにくく倒壊《とうかい》しづらい建築方法《けんちくほうほう》の研究《けんきゅう》、あるいは、津波《つなみ》の予測《よそく》や対策《たいさく》に関《かん》する研究《けんきゅう》などが、今《いま》も日夜重《にちやかさ》ねられています。

未来《みらい》をよりよく変《か》えるためには、まず過去《かこ》を正確《せいかく》に知《し》ることです。これが第一歩《だいいっぽ》です。このことを、よく覚《おぼ》えておきましょう。

Part2 12

日本《にほん》の常識《じょうしき》⑤〈遊《あそ》び――囲碁《いご》・将棋《しょうぎ》〉

1 次《つぎ》のそれぞれの遊《あそ》びの名前《なまえ》をあとの語群《ごぐん》から選《えら》び、書《か》き入《い》れなさい。語群《ごぐん》には、答《こた》えに用《もち》いない言葉《ことば》も含《ふく》まれています。

①（　　　　　　）

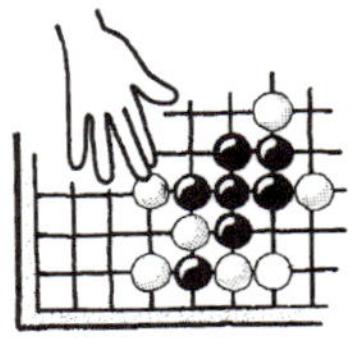

②（　　　　　　）

③（　　　　　　）

④（　　　　　　）

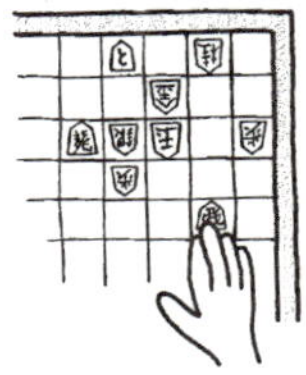

⑤（　　　　　　）

⑥（　　　　　　）

〈語群《ごぐん》〉すごろく　こま　囲碁《いご》　けん玉《だま》　オセロ　将棋《しょうぎ》　トランプ　かるた

2 次《つぎ》の各説明《かくせつめい》の空欄《くうらん》を埋《う》めるのにふさわしい言葉《ことば》をあとの語群《ごぐん》から選《えら》び、書《か》き入《い》れなさい。語群《ごぐん》には、答《こた》えに用《もち》いない言葉《ことば》も含《ふく》まれています。

① すごろくでゴールにたどりつくことを、「（　　　　）」と言《い》う。

② 黒《くろ》なら黒《くろ》、白《しろ》なら白《しろ》の碁石《ごいし》を、縦《たて》・横《よこ》・斜《なな》めいずれか一直線《いっちょくせん》に五《いつ》つ連続《れんぞく》して並《なら》べれば勝《か》ちというゲームを、（　　　　）と言《い》う。

③ 試合《しあい》を「する」ことを、将棋《しょうぎ》では「（　　　　）」と言《い》い、囲碁《いご》では「（　　　　）」と言《い》う。

〈語群《ごぐん》〉指《さ》す　五《いつ》つ星《ぼし》　上《あ》がる　打《う》つ　叩《たた》く　五目並《ごもくなら》べ

月　日

ランク

正解《せいかい》9～10個《こ》　A

正解《せいかい》6～8個《こ》　B

正解《せいかい》0～5個《こ》　C

〈解答《かいとう》〉

1 ①囲碁《いご》　②かるた　③こま　④将棋《しょうぎ》　⑤けん玉《だま》　⑥すごろく

2 ①上《あ》がる　②五目並《ごもくなら》べ　③（順《じゅん》に）指《さ》す・打《う》つ

〈解説《かいせつ》〉

駒《こま》や石《いし》を置《お》く場所《ばしょ》が、将棋《しょうぎ》と囲碁《いご》では異《こと》なります。将《しょう》棋《ぎ》ではマス目《め》の中《なか》に置《お》きますが、囲碁《いご》では線《せん》と線《せん》の交《まじ》わった点《てん》（交点《こうてん》）の上《うえ》に置《お》きます（前《ぜん》ページのイラスト参《さん》照《しょう》）。オセロは、石《いし》（駒《こま》）の形《かたち》や色《いろ》が囲碁《いご》と似《に》ていますが、それを置《お》く位置《いち》は将棋《しょうぎ》と同《おな》じくマス目《め》の中《なか》です。

駒《こま》や石《いし》を置《お》く場所《ばしょ》の数《かず》は、それぞれ次《つぎ》のとおりです。

オセロ盤《ばん》	……縦《たて》8か所《しょ》×横《よこ》8か所《しょ》＝64か所《しょ》
将棋盤《しょうぎばん》	……縦《たて》9か所《しょ》×横《よこ》9か所《しょ》＝81か所《しょ》
碁盤《ごばん》	……縦《たて》19か所《しょ》×横《よこ》19か所《しょ》＝３６１か所《しょ》

圧倒的《あっとうてき》に、囲碁《いご》が多《おお》いですね。ただし、碁盤《ごばん》には、右《う》記《き》の「19路盤《ろばん》」だけでなく、初心者《しょしんしゃ》向《む》けの「13路盤《ろばん》」や「9路盤《ろばん》」などもあります。なお、囲碁《いご》や五目並《ごもくなら》べで碁《ご》石《いし》を置《お》く交点《こうてん》のことを、「目《め》」と言《い》います。

〈知識《ちしき》を広《ひろ》げる！〉

古来《こらい》からある遊《あそ》びは、さまざまな言葉《ことば》を生《う》んできました。そこで、問題《もんだい》です。次《つぎ》の説明《せつめい》に合《あ》う言葉《ことば》を、冒頭《ぼうとう》の空欄《くうらん》に書《か》き入《い》れなさい。

（　　　　）……囲碁《いご》の対局《たいきょく》（試合《しあい》）中《ちゅう》にそれを横《よこ》から見《み》ている人《ひと》は、対局者《たいきょくしゃ》よりも冷静《れいせい》であり、八目《はちもく》（八手《はって》）先《さき》まで読《よ》めてしまう――ということから、転《てん》じて、「当事者《とうじしゃ》より第三者《だいさんしゃ》のほうが判断《はんだん》力《りょく》の点《てん》で上回《うわまわ》る」といった意味《いみ》で用《もち》いられる言葉《ことば》。

答《こた》えは、「傍目八目《おかめはちもく》（岡目八目《おかめはちもく》）」です。ほかにもあります。「布石《ふせき》を打《う》つ」とは、囲碁《いご》で本格的《ほんかくてき》な戦《たたか》いに入《はい》る前《まえ》の序盤《じょばん》のうちに要所《ようしょ》に石《いし》を配置《はいち》することであり、転《てん》じて、将来《しょうらい》のための準備《じゅんび》の意味《いみ》として使《つか》います。同様《どうよう》に、「定石《じょうせき》」も囲碁《いご》の言葉《ことば》です。調《しら》べてみましょう。また、「王手《おうて》をかける」は、将棋《しょうぎ》で王将《おうしょう》の駒《こま》を直接攻《ちょくせつせ》める手《て》を意味《いみ》し、転《てん》じて、最終的《さいしゅうてき》に勝利《しょうり》を得《え》る一歩前《いっぽまえ》の段階《だんかい》に持《も》ち込《こ》む意味《いみ》で用《もち》いられます。

Part2 13

日本《にほん》の常識《じょうしき》⑥〈住宅《じゅうたく》——和室《わしつ》〉

月　日

ランク

正解《せいかい》7〜10個《こ》　A

正解《せいかい》4〜6個《こ》　B

正解《せいかい》0〜3個《こ》　C

❶ 下《した》の絵《え》は、日本式住宅《にほんしきじゅうたく》の一室《いっしつ》です。それぞれの部分《ぶぶん》の呼《よ》び名《な》をあとの語群《ごぐん》から選《えら》び、書《か》き入《い》れなさい。

① （　　　　）……光《ひかり》や風《かぜ》を通《とお》すための開口部《かいこうぶ》。

② （　　　　）……引《ひ》き戸《ど》などをはめる溝《みぞ》のある横木《よこぎ》。

③ （長押《なげし》）……柱《はしら》を連結《れんけつ》する横材《よこざい》。

④ （　　　　）……巻物《まきもの》のようにした書画《しょが》による飾《かざ》り。

⑤ （　　　　）……引《ひ》き出《だ》しなどのない袋戸棚《ふくろとだな》の一《ひと》つ。

⑥ （　　　　）……外気防止《がいきぼうし》や仕切《しき》りのための建具《たてぐ》。

⑦ （　　　　）……⑫に張《は》り出《だ》した、机《つくえ》のような小棚《こだな》。

⑧ （　　　　）……二枚《にまい》の板《いた》をずらして組《く》んだ棚《たな》。

⑨ （帳台構《ちょうだいがま》え）……⑭より一段高《いちだんたか》い、ふすま状《じょう》の飾《かざ》り。

⑩ （　　　　）……一段高《いちだんたか》くした、飾《かざ》りなどを置《お》く床《ゆか》。

⑪ （地袋《じぶくろ》）……⑤とセット。上《うえ》が⑤、下《した》が地袋《じぶくろ》。

⑫ （　　　　）……部屋《へや》の外側《そとがわ》の板敷《いたじき》。庭《にわ》に面《めん》する。

⑬ （敷居《しきい》）……②と同《おな》じ働《はたら》きをする横木《よこぎ》。

⑭ （　　　　）……いぐさで編《あ》んだ表《おもて》をつけた敷物《しきもの》。

〈語群《ごぐん》〉 縁側《えんがわ》　床《とこ》の間《ま》　障子《しょうじ》　書院《しょいん》　欄間《らんま》
天袋《てんぶくろ》　鴨居《かもい》　違《ちが》い棚《だな》　掛《か》け軸《じく》　畳《たたみ》

〈解答《かいとう》〉

❶

①欄間《らんま》　②鴨居《かもい》　④掛《か》け軸《じく》　⑤天袋《てんぶくろ》　⑥障子《しょうじ》

⑦書院《しょいん》　⑧違《ちが》い棚《だな》　⑩床《とこ》の間《ま》　⑫縁側《えんがわ》　⑭畳《たたみ》

〈解説《かいせつ》〉

「天袋《てんぶくろ》」は、前《ぜん》ページのイラストのようなものだけでなく、和室《わしつ》の押《お》し入《い》れの上部《じょうぶ》にあるものも指《さ》します。

「書院《しょいん》」は、正確《せいかく》には「付書院《つけしょいん》」と呼《よ》びます。いずれにせよ初《はじ》めて聞《き》いたかもしれませんね。

あらかじめ答《こた》えが書《か》かれている③の「長押《なげし》」は、本来《ほんらい》は柱《はしら》を連結《れんけつ》する横材《よこざい》ですが、現在《げんざい》の和室《わしつ》ではそういう役《やく》割《わり》よりも装飾《そうしょく》のような役割《やくわり》のほうが多《おお》くなっています。壁《かべ》と長押《なげし》との間《あいだ》には多《おお》くの場合斜《ばあいなな》めの隙間《すきま》があるため、そこにハンガーなどをひっかけて使《つか》うこともあるのではないでしょうか。

全《すべ》ての部屋《へや》が洋室《ようしつ》になっておりカーペット（絨毯《じゅうたん》）しか敷《し》かれていないマンションに住《す》んでいるような場合《ばあい》、「畳《たたみ》」さえも体感《たいかん》したことがないかもしれません。

日本人《にほんじん》の心《こころ》が詰《つ》まった「和室《わしつ》」について、知《し》っておきたいものですね。

〈知識《ちしき》を広《ひろ》げる！〉

前《ぜん》ページのイラストは、「書院造《しょいんづく》り」を模《も》しています。書院造《しょいんづく》りは、室町時代《むろまちじだい》に生《う》まれ、桃山時代《ももやまじだい》に完成《かんせい》した建築様式《けんちくようしき》です。平安時代《へいあんじだい》の「寝殿造《しんでんづく》り」が変化《へんか》・発展《はってん》したものです。床《とこ》の間《ま》・違《ちが》い棚《だな》・付書院《つけしょいん》・帳台構《ちょうだいがま》えを備《そな》えているのが、書院造《しょいんづく》りの典型《てんけい》です。

書院造《しょいんづく》りは、いわゆる「和室《わしつ》」の原型《げんけい》であると言《い》えるでしょう。

和室《わしつ》の特徴《とくちょう》は、空間《くうかん》を自由《じゆう》に活用《かつよう》できるということです。和室《わしつ》には通常《つうじょう》、家具《かぐ》を固定《こてい》して置《お》くことはしません。必要《ひつよう》に応《おう》じて座卓《ざたく》（畳《たたみ》に座《すわ》って使《つか》う、足《あし》の短《みじか》い机《つくえ》・テーブル）を置《お》いたり、座布団《ざぶとん》を敷《し》いたりしますが、それらを片付《かたづ》けて布団《ふとん》を敷《し》けば、寝室《しんしつ》に様変《さまが》わりします。洋室《ようしつ》では、そういう部屋《へや》の使《つか》い方《かた》をするのは難《むずか》しいでしょう。また、和室《わしつ》の場合《ばあい》、隣《とな》り合《あ》った和室《わしつ》どうしを仕切《しき》っているふすまなどを取《と》り払《はら》えば、部屋《へや》が広《ひろ》がります。こういった空間《くうかん》の自由性《じゆうせい》が、和室《わしつ》の大《おお》きな特徴《とくちょう》です。また、畳《たたみ》は、水分《すいぶん》を吸《す》い取《と》ったり放出《ほうしゅつ》したりする性質《せいしつ》があります。夏《なつ》は湿気《しっけ》を取《と》り、冬《ふゆ》は湿気《しっけ》を与《あた》えてくれるわけです。

日本人《にほんじん》の知恵《ちえ》と美的感覚《びてきかんかく》が生《い》かされた和室《わしつ》についての知識《ちしき》を、ぜひ、増《ふ》やしましょう。

Part2
14 日本《にほん》の常識《じょうしき》 7 〈国民《こくみん》の祝日《しゅくじつ》〉

月　日
ランク
正解《せいかい》14〜18個《こ》 A
正解《せいかい》10〜13個《こ》 B
正解《せいかい》0〜9個《こ》 C

1 次《つぎ》の各問《かくと》いに答《こた》えなさい。

① 一年間《いちねんかん》の「国民《こくみん》の祝日《しゅくじつ》」を整理《せいり》しました。祝日名《しゅくじつめい》については、あとの語群《ごぐん》から選《えら》んで書《か》き入《い》れなさい。月日《がっぴ》については、考《かんが》えて埋《う》めなさい。

〈祝日名《しゅくじつめい》〉	〈月日《がっぴ》〉
（　　　）の日《ひ》	1月1日《がつついたち》
（　　　）の日《ひ》	1月《がつ》の第《だい》2月曜日《げつようび》
建国記念《けんこくきねん》の日《ひ》	（　　）月《がつ》11日《にち》※
春分《しゅんぶん》の日《ひ》	（　　）月《がつ》20、21日頃《にちごろ》※
（　　　）の日《ひ》	4月《がつ》29日《にち》
（　　　）記念日《きねんび》	5月《がつ》3日《か》
（　　　）の日《ひ》	5月《がつ》4日《か》
こどもの日《ひ》	5月《がつ》（　　）日《か》
（　　　）の日《ひ》	7月《がつ》の第《だい》3月曜日《げつようび》
（　　　）の日《ひ》	9月《がつ》の第《だい》3月曜日《げつようび》
秋分《しゅうぶん》の日《ひ》	（　　）月《がつ》23日頃《にちごろ》※
体育《たいいく》の日《ひ》	10月《がつ》の第《だい》（　　）月曜日《げつようび》
（　　　）の日《ひ》	11月《がつ》3日《か》
勤労感謝《きんろうかんしゃ》の日《ひ》	11月《がつ》（　　）日《にち》
天皇誕生日《てんのうたんじょうび》	12月《がつ》（　　）日《にち》

※春分《しゅんぶん》の日《ひ》・秋分《しゅうぶん》の日《ひ》は、厳密《げんみつ》にはそれぞれ「春分日《しゅんぶんび》」「秋分日《しゅうぶんび》」とのみ定《さだ》められており、月日《がっぴ》が決《き》まっているわけではありません(国民《こくみん》の祝日《しゅくじつ》に関《かん》する法律《ほうりつ》)。

〈語群《ごぐん》〉 憲法《けんぽう》　成人《せいじん》　みどり　昭和《しょうわ》　海《うみ》　敬老《けいろう》　文化《ぶんか》　元日《がんじつ》

② 国民《こくみん》の祝日《しゅくじつ》がない月《つき》は、何月《なんがつ》と何月《なんがつ》ですか。

（　　）月《がつ》と（　　）月《がつ》

③ 国民《こくみん》の祝日《しゅくじつ》は、全部《ぜんぶ》で何日《なんにち》ありますか。

（　　）日《にち》

平成《へいせい》28年《ねん》から、8月《がつ》11日《にち》を「山《やま》の日《ひ》※」という祝日《しゅくじつ》にすることが予定《よてい》されています(※山《やま》に親《した》しむ機会《きかい》を得《え》て、山《やま》の恩恵《おんけい》に感謝《かんしゃ》する日《ひ》)。これが決《き》まると、国民《こくみん》の祝日《しゅくじつ》は1日増《にちふ》え、国民《こくみん》の祝日《しゅくじつ》がない月《つき》は1つ減《へ》ります。

〈解答《かいとう》〉

❶

① 〈祝日名《しゅくじつめい》〉（順《じゅん》に）元日《がんじつ》、成人《せいじん》、昭和《しょうわ》、憲法《けんぽう》、みどり、海《うみ》、敬老《けいろう》、文化《ぶんか》

〈月日《がっぴ》〉（順《じゅん》に）2、3、5、9、2、23、23

② 6、8

③ 15

〈解説《かいせつ》〉

第二月曜日《だいにげつようび》とは、その月《つき》で二回《にかい》目《め》の月曜日《げつようび》のことです。下《した》のカレンダーで第二月曜日《だいにげつようび》にマルをつけてみましょう（13日《にち》になります）。

日《にち》	月《げつ》	火《か》	水《すい》	木《もく》	金《きん》	土《ど》
			1	2	3	4
5	6	7	8	9	10	11
12	13	14	15	16	17	18
19	20	21	22	23	24	25
26	27	28	29	30	31	

〈知識《ちしき》を広《ひろ》げる！〉

それぞれの祝日《しゅくじつ》は、次《つぎ》のような意味《いみ》を持《も》っています（「国民《こくみん》の祝日《しゅくじつ》に関《かん》する法律《ほうりつ》」より抜粋《ばっすい》）。

〈元日《がんじつ》〉年《とし》のはじめを祝《いわ》う。

〈成人《せいじん》の日《ひ》〉大人《おとな》になったことを自覚《じかく》し、自《みずか》ら生《い》き抜《ぬ》こうとする青年《せいねん》を祝《いわ》いはげます。

〈建国記念《けんこくきねん》の日《ひ》〉建国《けんこく》をしのび、国《くに》を愛《あい》する心《こころ》を養《やしな》う。

〈春分《しゅんぶん》の日《ひ》〉自然《しぜん》をたたえ、生物《せいぶつ》をいつくしむ。

〈昭和《しょうわ》の日《ひ》〉激動《げきどう》の日々《ひび》を経《へ》て、復興《ふっこう》を遂《と》げた昭和《しょうわ》の時代《じだい》を顧《かえり》み、国《くに》の将来《しょうらい》に思《おも》いをいたす。

〈憲法記念日《けんぽうきねんび》〉日本国憲法《にほんこくけんぽう》の施行《しこう》を記念《きねん》し、国《くに》の成長《せいちょう》を期《き》する。

〈みどりの日《ひ》〉自然《しぜん》に親《した》しむとともにその恩恵《おんけい》に感謝《かんしゃ》し、豊《ゆた》かな心《こころ》をはぐくむ。

〈こどもの日《ひ》〉こどもの人格《じんかく》を重《おも》んじ、こどもの幸福《こうふく》をはかるとともに、母《はは》に感謝《かんしゃ》する。

〈海《うみ》の日《ひ》〉海《うみ》の恩恵《おんけい》に感謝《かんしゃ》するとともに、海洋国《かいようこく》日本《にほん》の繁栄《はんえい》を願《ねが》う。

〈敬老《けいろう》の日《ひ》〉多年《たねん》にわたり社会《しゃかい》につくしてきた老人《ろうじん》を敬愛《けいあい》し、長寿《ちょうじゅ》を祝《いわ》う。

〈秋分《しゅうぶん》の日《ひ》〉祖先《そせん》をうやまい、なくなった人々《ひとびと》をしのぶ。

〈体育《たいいく》の日《ひ》〉スポーツにしたしみ、健康《けんこう》な心身《しんしん》をつちかう。

〈文化《ぶんか》の日《ひ》〉自由《じゆう》と平和《へいわ》を愛《あい》し、文化《ぶんか》をすすめる。

〈勤労感謝《きんろうかんしゃ》の日《ひ》〉勤労《きんろう》をたっとび、生産《せいさん》を祝《いわ》い、国民《こくみん》たがいに感謝《かんしゃ》しあう。

〈天皇誕生日《てんのうたんじょうび》〉天皇《てんのう》の誕生日《たんじょうび》を祝《いわ》う。

Part2

15 日本《にほん》の常識《じょうしき》⑧〈行事食《ぎょうじしょく》〉

月　日

ランク

正解《せいかい》8〜10個《こ》　A

正解《せいかい》5〜7個《こ》　B

正解《せいかい》0〜4個《こ》　C

❶ 次《つぎ》の各文《かくぶん》は、日本《にほん》における一年間《いちねんかん》の「行事食《ぎょうじしょく》」について述《の》べたものです。その説明《せつめい》に合《あ》う食《た》べ物《もの》の呼《よ》び名《な》を、Aに書《か》き入《い》れなさい。また、それを食《た》べる時期《じき》（月《つき》）を、Bに書《か》き入《い》れなさい。

①その年《とし》の恵方《えほう》（縁起《えんぎ》の良《よ》い方角《ほうがく》）を向《む》いて食《た》べる太巻《ふとま》き寿司《ずし》。心《こころ》の中《なか》で願《ねが》いごとをしながら黙《だま》って食《た》べる。もとは大阪地方《おおさかちほう》の習慣《しゅうかん》。

A（　　　　）　B（　　月《がつ》）

②餅《もち》を平《ひら》たく楕円形《だえんけい》にし、餡《あん》（小豆餡《あずきあん》やみそ餡《あん》）を入《い》れ、柏《かしわ》の葉《は》で包《つつ》み蒸《む》した菓子《かし》。古《ふる》い葉《は》が落《お》ちるとともに新《あたら》しい葉《は》が出《で》るという柏《かしわ》の特徴《とくちょう》から、男子《だんし》の跡継《あとつ》ぎを祝《いわ》う気持《きも》ちがこめられている。

A（　　　　）　B（　　月《がつ》）

③米粒《こめつぶ》に熱《ねつ》を加《くわ》えてふくらませ、糖蜜《とうみつ》をまぶした菓子《かし》。白《しろ》・緑《みどり》・赤《あか》（桃《もも》）といった色《いろ》には、それぞれ、雪《ゆき》の大地《だいち》・芽吹《めぶ》き・生命《せいめい》といった意味《いみ》がこめられている。

A（　　　　）　B（　　月《がつ》）

④「細《ほそ》く長《なが》く生《い》きる」といった意味《いみ》、あるいは、そばの切《き》れやすさから、「それまでの苦労《くろう》を切《き》り落《お》とす」といった意味《いみ》をこめて食《た》べるそば。

A（　　　　）　B（　　月《がつ》）

⑤煮《に》しめ（大根《だいこん》・人参《にんじん》・焼《や》き豆腐《どうふ》など）、昆布巻《こぶまき》、ごまめ、きんとん、かまぼこ、数《かず》の子《こ》、なます、伊達巻《だてまき》、黒豆《くろまめ》などを重箱《じゅうばこ》に詰《つ》めた料理《りょうり》。黒豆《くろまめ》は「家族《かぞく》がマメ（まじめ・実直《じっちょく》）になれるように」、数《かず》の子《こ》は「子孫《しそん》が増《ふ》えるように」、きんとんは、その金色《きんいろ》から「お金《かね》がたまるように」、というぐあいに、願《ねが》いのこめられた料理《りょうり》。

A（　　　　）　B（　　月《がつ》）

〈解答《かいとう》〉

1

①A恵方巻《えほうま》き　B2月《がつ》

②A柏餅《かしわもち》　B5月《がつ》

③Aひなあられ　B3月《がつ》

④A年越《としこ》しそば　B12月《がつ》

⑤Aおせち料理《りょうり》　B1月《がつ》

〈解説《かいせつ》〉

季節《きせつ》の行事《ぎょうじ》がある日《ひ》に食《た》べる特別《とくべつ》な料理《りょうり》を、「行事食《ぎょうじしょく》」と呼《よ》びます。日本《にほん》には日本《にほん》の、外国《がいこく》には外国《がいこく》の行事《ぎょうじ》があり、行事食《ぎょうじしょく》があります。まずは日本《にほん》のものについて、覚《おぼ》えておくようにしましょう。

恵方巻《えほうま》きは節分《せつぶん》（2月《がつ》3日《か》頃《ごろ》）に、柏餅《かしわもち》は端午《たんご》の節句《せっく》（5月《がつ》5日《か》）に、ひなあられは桃《もも》の節句《せっく》（3月《がつ》3日《か》）に、年越《としこ》しそばは大晦日《おおみそか》（12月《がつ》31日《にち》）に、それぞれ食《た》べる風《ふう》習《しゅう》があります。おせち料理《りょうり》は、元日《がんじつ》（1月《がつ》1日《ついたち》）に食《た》べるのが一般的《いっぱんてき》になっています。

〈知識《ちしき》を広《ひろ》げる！〉

問題《もんだい》の中《なか》に入《はい》っていない行事食《ぎょうじしょく》を、ここで紹介《しょうかい》します。

・七草粥《ななくさがゆ》……無病息災《むびょうそくさい》（病気《びょうき》がなく健康《けんこう》であること）を願《ねが》って、1月《がつ》7日《か》に食《た》べる粥《かゆ》。一般的《いっぱんてき》には、セリ、ナズナ、ゴギョウ、ハコベラ、ホトケノザ、スズナ、スズシロが「七草《ななくさ》」とされています。

・土用《どよう》の丑《うし》の日《ひ》……梅雨《つゆ》が明《あ》けて本格的《ほんかくてき》な夏《なつ》に入《はい》る7月《がつ》下旬頃《げじゅんごろ》※、栄養《えいよう》をつけて夏《なつ》バテを防《ふせ》ぐため、うなぎのかば焼《や》きを食《た》べる風習《ふうしゅう》があります（※土用《どよう》は年《ねん》に4回《かい》あるが、特《とく》に立秋《りっしゅう》の前《まえ》18日間《にちかん》のうち十二支《じゅうにし》が丑《うし》に当《あ》たる日《ひ》を指《さ》して「土用《どよう》の丑《うし》の日《ひ》」と言《い》うことが多《おお》い）。

ほかにも、春分《しゅんぶん》の日《ひ》に「ぼた餅《もち》」、秋分《しゅうぶん》の日《ひ》に「おはぎ」、冬至《とうじ》の日《ひ》に「かぼちゃ」など、さまざまな風習《ふうしゅう》があります（ぼた餅《もち》とおはぎは、通常《つうじょう》、同《おな》じものを指《さ》す）。詳《くわ》しくは、調《しら》べてみましょう。

柏餅《かしわもち》一《ひと》つとってみても、「なぜ柏《かしわ》の葉《は》なの？」「なぜ5月《がつ》5日《か》に食《た》べるの？」といった「由来《ゆらい》」についての疑問《ぎもん》を持《も》ち、その場《ば》ですぐ調《しら》べてみるということが、新《あたら》しい「常識《じょうしき》」を身《み》につけるきっかけになるということを覚《おぼ》えておきましょう。まず「なぜ？」と問《と》うこと。これが、スタートラインです。

Part3

視野《しや》を広《ひろ》げるための常識《じょうしき》

～あなたの“常識力《じょうしきりょく》”を判定《はんてい》！～

★それぞれのページの評定《ひょうてい》（A・B・C）を、ここに記録《きろく》しましょう。
たとえば、Aだった場合《ばあい》はAの欄《らん》にマークします（マルで囲《かこ》むなど）。

01	02	03	04	05	06	07	08	09	10	11	12	13	14
A	A	A	A	A	A	A	A	A	A	A	A	A	A
B	B	B	B	B	B	B	B	B	B	B	B	B	B
C	C	C	C	C	C	C	C	C	C	C	C	C	C

★点数《てんすう》を計算《けいさん》しましょう。

3点《てん》×［A（　　）個《こ》］＋2点《てん》×［B（　　）個《こ》］＋1点《てん》×［C（　　）個《こ》］＝（　　）点《てん》

★あなたの点数《てんすう》を、下《した》の目盛《めも》りにマークしましょう（▼をつける）。

0　5　10　15　20　25　30　35　40

0～10
がんばれ!!

11～18
常識不足《じょうしきふそく》

★
19～26
BRONZE《ブロンズ》

★★
27～34
SILVER《シルバー》

★★★
35～42
GOLD《ゴールド》

Part3
01

地《ち》球《きゅう》の常《じょう》識《しき》①
〈地《ち》球《きゅう》の歴《れき》史《し》〉

❶ 下図《かず》は、地球誕生《ちきゅうたんじょう》から現代《げんだい》までのおおまかな流《なが》れを示《しめ》しています※。図《ず》の空欄《くうらん》を埋《う》めるのにふさわしい言葉《ことば》を語群《ごぐん》から選《えら》び、書《か》き入《い》れなさい。同《おな》じ言葉《ことば》は一度《いちど》しか使《つか》えません。語群《ごぐん》には、答《こた》えに用《もち》いない言葉《ことば》も含《ふく》まれています。

※各数値《かくすうち》はおよその値《あたい》で、諸説《しょせつ》あり。下表《かひょう》は『Newtonムック 大地《だいち》と海《うみ》を激変《げきへん》させた地球史《ちきゅうし》46億年《おくねん》の大事件《だいじけん》ファイル』（株式会社《かぶしきがいしゃ》ニュートンプレス）などを参照《さんしょう》しています。

現代《げんだい》 ― 第四紀《だいよんき》

新《しん》生《せい》代《だい》
- 新第三紀《しんだいさんき》…人類誕生《じんるいたんじょう》⑨(　　　　万年前《まんねんまえ》)
- 古第三紀《こだいさんき》

⑦(　　　　)万年前《まんねんまえ》

中《ちゅう》生《せい》代《だい》
- ⑥(　　　　)紀《き》
- ⑤(　　　　)紀《き》
- 三畳紀《さんじょうき》

（⑥・⑤・三畳紀）→ ⑧(　　　　)の時代《じだい》

③(　　　　)億《おく》5100万年前《まんねんまえ》

④(　　　　)代《だい》
- ペルム紀《き》
- 石炭紀《せきたんき》
- デボン紀《き》
- シルル紀《き》
- オルドビス紀《き》
- カンブリア紀《き》

②(　　　　)億《おく》4500万年前《まんねんまえ》

- 海《うみ》・大陸《たいりく》の誕生《たんじょう》

①(　　　　)億年前《おくねんまえ》 ― 地球《ちきゅう》の誕生《たんじょう》

〈語群《ごぐん》〉
600
5
46
3
6550
2
古生《こせい》
ジュラ
植物《しょくぶつ》
白亜《はくあ》
恐竜《きょうりゅう》

月　日
ランク
正解《せいかい》10〜14個《こ》 A
正解《せいかい》6〜9個《こ》 B
正解《せいかい》0〜5個《こ》 C

❷ 地球《ちきゅう》や生命《せいめい》について述《の》べた次《つぎ》の各文《かくぶん》のうち、正《ただ》しいものの記号《きごう》にマル、間違《まちが》っているものの記号《きごう》にバツをつけなさい。

ア　約《やく》2億《おく》5000万年前頃《まんねんまえごろ》の地球《ちきゅう》には、現代《げんだい》と同《おな》じように複数《ふくすう》の大陸《たいりく》があっただけでなく、大小《だいしょう》の島々《しまじま》が無数《むすう》に存在《そんざい》していたと考《かんが》えられている。

イ　約《やく》2億《おく》5000万年前頃《まんねんまえごろ》の地球《ちきゅう》には、「超大陸《ちょうたいりく》パンゲア」と呼《よ》ばれる一《ひと》つの巨大《きょだい》な大陸《たいりく》しかなく、現代《げんだい》のように大陸《たいりく》が分《わ》かれてはいなかったと考《かんが》えられている。

ウ　現代《げんだい》の地球《ちきゅう》には、大《おお》きく分《わ》けて、ユーラシア大陸《たいりく》・アフリカ大陸《たいりく》・北《きた》アメリカ大陸《たいりく》・南《みなみ》アメリカ大陸《たいりく》・オーストラリア大陸《たいりく》の、合計五《ごうけいいつ》つの大陸《たいりく》がある。

エ　恐竜絶滅《きょうりゅうぜつめつ》は、地球《ちきゅう》に巨大《きょだい》な隕石《いんせき》がぶつかったことがその原因《げんいん》であるというのが、有力《ゆうりょく》な定説《ていせつ》である。

オ　人類《じんるい》はチンパンジーと分岐《ぶんき》して誕生《たんじょう》した。

〈コラム〉——どうやって知識《ちしき》を広《ひろ》げるか？——

この本《ほん》に載《の》っているのは、世《よ》の中《なか》に無限《むげん》に広《ひろ》がる知識《ちしき》の中《なか》の、ほんのひとかけらにすぎません。今後《こんご》、新《あたら》しい知識《ちしき》をあなた自身《じしん》が一《ひと》つひとつ手《て》に入《い》れていくために、どのような意識《いしき》が必要《ひつよう》なのでしょうか。その一《ひと》つの答《こた》えとなるのは、いつも次《つぎ》の二《ふた》つを意識《いしき》するということです。

①「時間的《じかんてき》には？」「いつ？」
・「いつから？」「いつまで？」を意識《いしき》
・時間的変化《じかんてきへんか》を意識《いしき》（過去《かこ》にはこうだったが現在《げんざい》はこうである、未来《みらい》にはこうなる、など）

②「空間的《くうかんてき》には？」「どこ？」
・「どこから？」「どこまで？」を意識《いしき》
・空間的《くうかんてき》な違《ちが》いを意識《いしき》（遠《とお》い近《ちか》い、広《ひろ》い狭《せま》い、高《たか》い低《ひく》い、浅《あさ》い深《ふか》い、など）

この本《ほん》の中《なか》で、これらの視点《してん》で書《か》かれた内容《ないよう》を、探《さが》してみるとよいでしょう。

〈解答《かいとう》〉

❶

①46 ②5 ③2 ④古生《こせい》 ⑤ジュラ

⑥白亜《はくあ》 ⑦6550 ⑧恐竜《きょうりゅう》 ⑨600

❷

○……イ、エ、オ ×……ア、ウ

〈解説《かいせつ》〉

❶恐竜《きょうりゅう》は、三畳紀後期《さんじょうきこうき》（約《やく》2億《おく》2800万年前《まんねんまえ》）に出現《しゅつげん》し、白亜紀末《はくあきまつ》（約《やく》6550万年前《まんねんまえ》）に絶滅《ぜつめつ》するまで、約《やく》1億《おく》6250万年《まんねん》の長《なが》きに渡《わた》って地球上《ちきゅうじょう》に生息《せいそく》していました。一方《いっぽう》、人類《じんるい》が地球上《ちきゅうじょう》に誕生《たんじょう》してから（チンパンジーからヒトへと分岐《ぶんき》してから）は、まだほんの600万年《まんねん》※しか経《た》っていません（※国立《こくりつ》科学《かがく》博物館《はくぶつかん》のサイトより http://www.kahaku.go.jp/special/past/japanese/ipix/1/1-02.html）。

❷ウには、南極大陸《なんきょくたいりく》が足《た》りません。

〈知識《ちしき》を広《ひろ》げる！〉

これと同《おな》じことについて、地球《ちきゅう》が誕生《たんじょう》した「46億年前《おくねんまえ》」を「1年前《ねんまえ》」に縮《ちぢ》めて考《かんが》えてみましょう。

恐竜出現《きょうりゅうしゅつげん》……………約《やく》18日前《にちまえ》（18日《にち》と2時間《じかん》11分前《ぶんまえ》）

恐竜絶滅《きょうりゅうぜつめつ》……………約《やく》5日前《かまえ》（5日《か》と3時間《じかん》47分前《ぶんまえ》）

恐竜《きょうりゅう》の生息期間《せいそくきかん》……約《やく》13日《にち》（12日《にち》と22時間《じかん》25分《ふん》）

人類誕生《じんるいたんじょう》……………約《やく》11時間半前《じかんはんまえ》（11時間《じかん》26分前《ぶんまえ》）

また、46億年《おくねん》を「1月《がつ》から12月《がつ》まで」の1年間《ねんかん》に縮《ちぢ》めると、次《つぎ》のようになります。

地球《ちきゅう》が誕生《たんじょう》したのが、1月1日《がつついたち》の午前《ごぜん》0時《じ》。
恐竜《きょうりゅう》が誕生《たんじょう》したのは、12月《がつ》13日《にち》の午後《ごご》9時《じ》49分《ふん》。
恐竜《きょうりゅう》が絶滅《ぜつめつ》したのは、12月《がつ》26日《にち》の午後《ごご》8時《じ》13分《ふん》。
人類《じんるい》が誕生《たんじょう》したのは、12月《がつ》31日《にち》の午後《ごご》0時《じ》34分《ふん》。

こうしてみると、人間《にんげん》はもちろんのこと、恐竜《きょうりゅう》といえども、地球《ちきゅう》の歴史《れきし》全体《ぜんたい》からみれば新《あたら》しい存在《そんざい》なのだということを実感《じっかん》できます。

では、宇宙《うちゅう》そのものが生《う》まれたのは、いつなのでしょうか。それは、約《やく》137億年前《おくねんまえ》とされています（※国立《こくりつ》天文台《てんもんだい》のサイトより http://www.nao.ac.jp/faq/a0602.html）。46億《おく》年《ねん》を1年《ねん》とした場合《ばあい》、これは約《やく》3年《ねん》に当《あ》たります。

宇宙《うちゅう》も恐竜《きょうりゅう》も、SFではなく実在《じつざい》する（した）ものです。しっかりと知識《ちしき》を持《も》っておきたいものですね。

Part3 02

地球《ちきゅう》の常識《じょうしき》❷〈太陽系《たいようけい》〉

❶ 左《ひだり》の絵《え》は、太陽系《たいようけい》の図《ず》です。それぞれの星《ほし》の名前《なまえ》を語群《ごぐん》から選《えら》び、解答欄《かいとうらん》に書《か》き入《い》れなさい。

〈語群《ごぐん》〉
木星《もくせい》　天王星《てんのうせい》　火星《かせい》　水星《すいせい》
土星《どせい》　地球《ちきゅう》　海王星《かいおうせい》　金星《きんせい》

〈解答欄《かいとうらん》〉
①（　　）
②（　　）
③（　　）
④（　　）
⑤（　　）
⑥（　　）
⑦（　　）
⑧（　　）

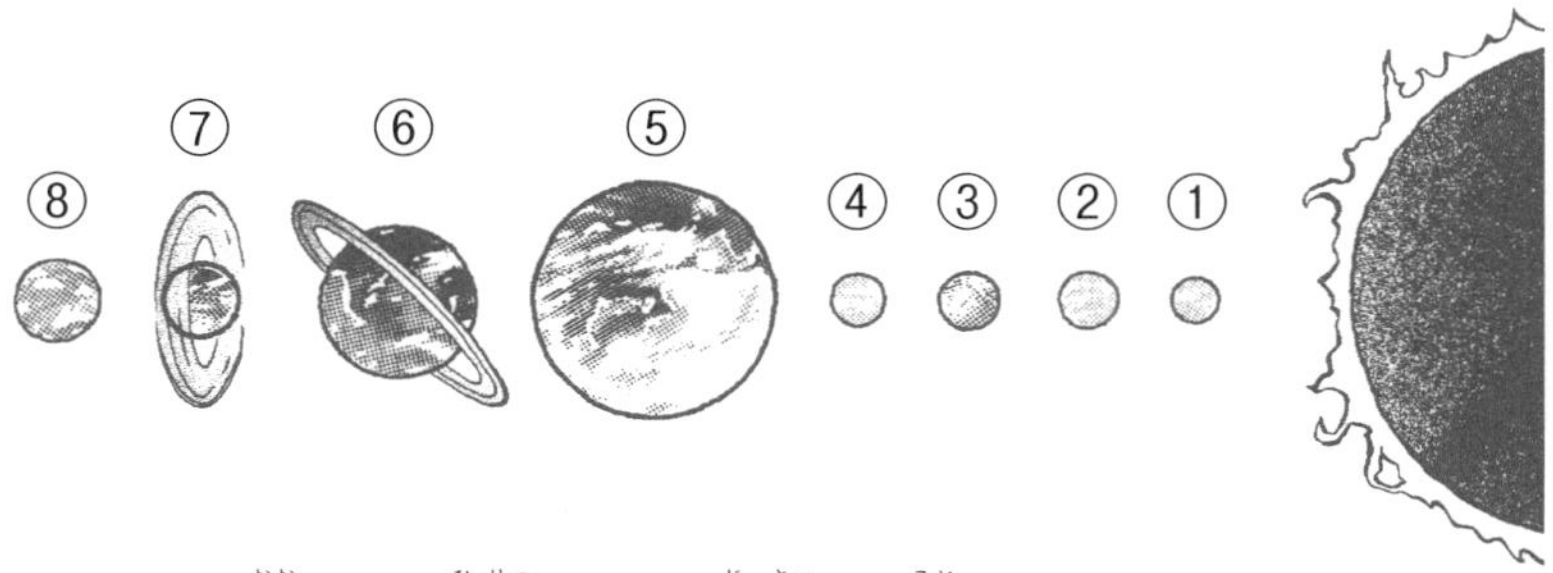

イラストの大《おお》きさの比率《ひりつ》などは、実際《じっさい》とは異《こと》なります。

❷ 月《つき》について述《の》べた次《つぎ》の各文《かくぶん》のうち、正《ただ》しいものの記号《きごう》にマル、間違《まちが》っているものの記号《きごう》にバツをつけなさい。

ア　月《つき》が三日月《みかづき》に見《み》えたり半月《はんげつ》に見《み》えたりするのは、雲《くも》によって隠《かく》されているからである。

イ　月《つき》には三日月《みかづき》、半月《はんげつ》、満月《まんげつ》の三種類《さんしゅるい》があり、それぞれに異《こと》なる三《みっ》つの星《ほし》が地球《ちきゅう》の周《まわ》りを回《まわ》っている。

ウ　月《つき》は太陽系《たいようけい》の惑星《わくせい》ではなく、地球《ちきゅう》の衛星《えいせい》である。地球を中心にして回っている。

エ　月《つき》の光《ひかり》は、太陽《たいよう》の光《ひかり》を跳《は》ね返《かえ》したものであり、月自《つきじ》身《しん》は光《ひかり》を発《はっ》していない。

オ　月《つき》の直径《ちょっけい》は地球《ちきゅう》の直径《ちょっけい》の約四倍《やくよんばい》である。

カ　月《つき》の直径《ちょっけい》は地球《ちきゅう》の直径《ちょっけい》の約四分《やくよんぶん》の一《いち》である。

キ　月《つき》の重力《じゅうりょく》は地球《ちきゅう》の約六倍《やくろくばい》である。

ク　月《つき》の重力《じゅうりょく》は地球《ちきゅう》の約六分《やくろくぶん》の一《いち》である。

月　日
ランク
正解《せいかい》12～16個《こ》　A
正解《せいかい》8～11個《こ》　B
正解《せいかい》0～7個《こ》　C

〈解答《かいとう》〉

❶

①水星《すいせい》　②金星《きんせい》　③地球《ちきゅう》　④火星《かせい》

⑤木星《もくせい》　⑥土星《どせい》　⑦天王星《てんのうせい》　⑧海王星《かいおうせい》

❷

○……ウ、エ、カ、ク

×……ア、イ、オ、キ

〈解説《かいせつ》〉

❶太陽系《たいようけい》の星《ほし》の並《なら》び順《じゅん》は、「水金地火木土天海＝すいきんちかもくど（っ）てんかい」と暗唱《あんしょう》します（冥王星《めいおうせい》は、2006年《ねん》から、太陽系《たいようけい》の惑星《わくせい》とは呼《よ》ばないことになりました）。

私《わたし》たちの住《す》む地球《ちきゅう》は、太陽《たいよう》から数《かぞ》えて三番《さんばん》めに当《あ》たります。ですから、「太陽系第三惑星《たいようけいだいさんわくせい》」と言《い》えば、それは地球《ちきゅう》のことです。

❷三日月《みかづき》、半月《はんげつ》、満月《まんげつ》といったように月《つき》に「満《み》ち欠《か》け」があるのは、それぞれの種類《しゅるい》の月《つき》が空《そら》に浮《う》かんでいるからではなく、一《ひと》つの同《おな》じ月《つき》に当《あ》たっている太陽《たいよう》の光《ひかり》の見《み》え方《かた》が変《か》わるからです。

もし、月自身《つきじしん》が光《ひかり》を発《はっ》する星《ほし》であったなら、このようなことは起《お》こらないと言《い》えます。

キ・クに書《か》かれた「重力《じゅうりょく》」とは、地球《ちきゅう》の場合《ばあい》、地球《ちきゅう》から引《ひ》っ張《ぱ》られている力《ちから》のことです。これが、物《もの》の重《おも》さを生《う》んでいます。地球上《ちきゅうじょう》で、一粒《ひとつぶ》のほこりでさえ地上《ちじょう》に落《お》ちていくのは、地球上《ちきゅうじょう》のどんな物《もの》に対《たい》しても、地球《ちきゅう》の重《じゅう》力《りょく》が働《はたら》いているからです。

月《つき》の上《うえ》に降《お》り立《た》った場合《ばあい》、この重力《じゅうりょく》は地球《ちきゅう》の約六分《やくろくぶん》の一《いち》になります。体重《たいじゅう》が六〇《ろくじっ》キロの人《ひと》の場合《ばあい》、月《つき》の上《うえ》では体重《たいじゅう》が一〇《じっ》キロになる計算《けいさん》です。

〈知識《ちしき》を広《ひろ》げる！〉

太陽《たいよう》・地球《ちきゅう》・月《つき》の大《おお》きさは、おおよそ次《つぎ》のようになっています。

月《つき》の直径《ちょっけい》は約《やく》【0.25】

↑

地球《ちきゅう》の直径《ちょっけい》を【1】とすると…

↓

太陽《たいよう》の直径《ちょっけい》は約《やく》【109】

月《つき》の直径《ちょっけい》	3,476km
地球《ちきゅう》の直径《ちょっけい》	12,756km
太陽《たいよう》の直径《ちょっけい》	1,392,020km

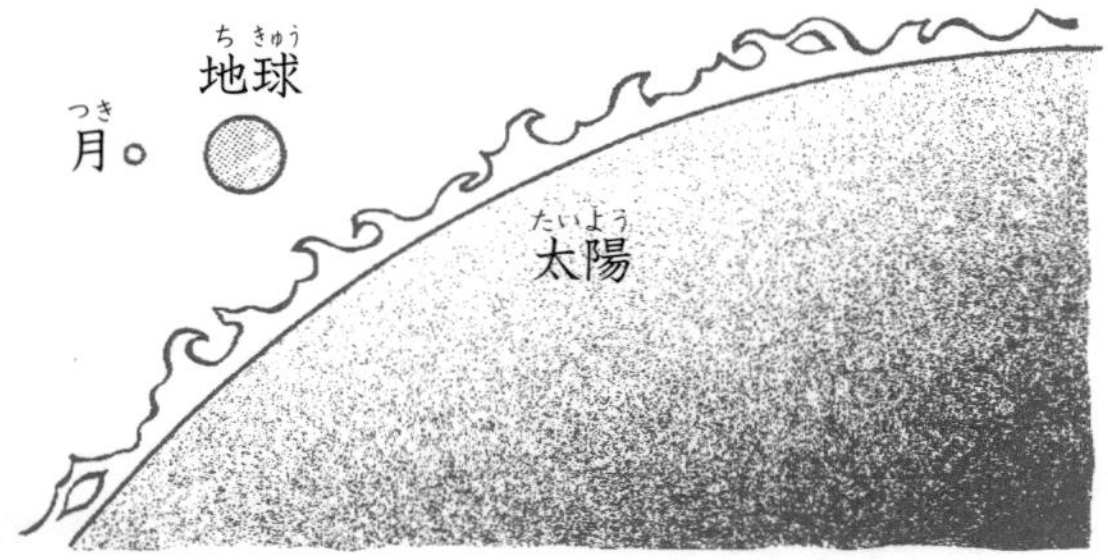

Part3
03

世界《せかい》の常識《じょうしき》❶〈国名《こくめい》〉

月　日
ランク
正解《せいかい》9〜12個《こ》　A
正解《せいかい》6〜8個《こ》　B
正解《せいかい》0〜5個《こ》　C

❶ 図《ず》は世界地図《せかいちず》です。①〜④の国《くに》の位置《いち》をアルファベット（A〜G）で答《こた》えなさい（三《みっ》つ余《あま》ります）。また、⑤〜⑫の国名《こくめい》をあとの語群《ごぐん》から選《えら》んで書《か》きなさい。語群《ごぐん》には、答《こた》えに用《もち》いない国名《こくめい》も含《ふく》まれます。

①（　）日本《にほん》
②（　）オーストラリア
③（　）中国《ちゅうごく》（中華人民共和国《ちゅうかじんみんきょうわこく》）
④（　）アメリカ（アメリカ合衆国《がっしゅうこく》）

⑤（　　　　）　⑥（　　　　）
⑦（　　　　）　⑧（　　　　）
⑨（　　　　）　⑩（　　　　）
⑪（　　　　）　⑫（　　　　）

〈語群《ごぐん》〉イギリス　カナダ　ロシア　モンゴル　インド
イタリア　フランス　ブラジル　エジプト

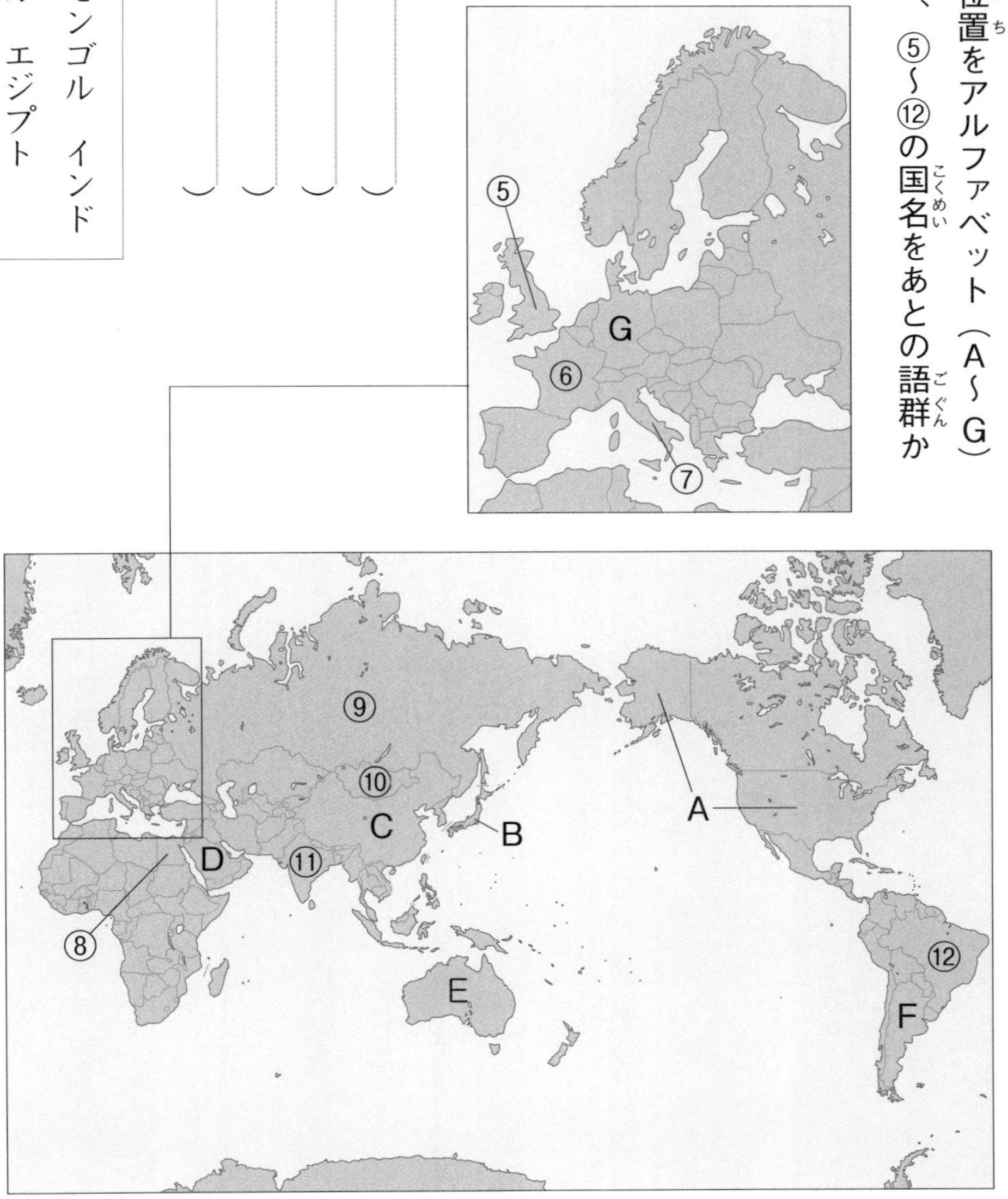

〈解答《かいとう》〉

❶ ①B ②E ③C ④A
⑤イギリス ⑥フランス ⑦イタリア ⑧エジプト
⑨ロシア ⑩モンゴル ⑪インド ⑫ブラジル

〈解説《かいせつ》〉

イギリス（英国《えいこく》）は、「グレートブリテン及《およ》び北《きた》アイルランド連合王国《れんごうおうこく》」に対《たい》する通称《つうしょう》です。同様《どうよう》に、フランスは「フランス共和国《きょうわこく》」、イタリアは「イタリア共和国《きょうわこく》」、エジプトは「エジプト・アラブ共和国《きょうわこく》」、ロシアは「ロシア連邦《れんぽう》」、ブラジルは「ブラジル連邦共和国《れんぽうきょうわこく》」などというように、「通称《つうしょう》」と「正式《せいしき》な呼《よ》び名《な》※」が少《すこ》し異《こと》なる場合《ばあい》があります（モンゴルはモンゴル国《こく》、インドはインド）。

※このページに示《しめ》した「正式《せいしき》な呼《よ》び名《な》」は、すべて外務省《がいむしょう》ホームページからの引用《いんよう》です。

図《ず》のDはサウジアラビア（サウジアラビア王国《おうこく》）、Fはアルゼンチン（アルゼンチン共和国《きょうわこく》）、Gはドイツ（ドイツ連邦共和国《れんぽうきょうわこく》）です。

アメリカは、大《おお》きく二《に》か所《しょ》に分《わ》かれています。分離《ぶんり》した上《うえ》（北《きた》）のほうは、アラスカ州《しゅう》です。なお、日本人《にほんじん》になじみの深《ふか》い「ハワイ」は、北太平洋《きたたいへいよう》に浮《う》かぶ島々《しまじま》であり、それらをハワイ州《しゅう》と呼《よ》びます。ハワイ州《しゅう》も、アメリカの一部《いちぶ》です（左図《さず》の★の位置《いち》）。語群《ごぐん》で一《ひと》つ余《あま》るカナダや、他《た》のいくつかの国名《こくめい》もあわせて、左図《さず》に挙《あ》げておきます。覚《おぼ》えましょう。

〈知識《ちしき》を広《ひろ》げる！〉

国々《くにぐに》の名《な》は、漢字《かんじ》一字《いちじ》で表《あらわ》すことがよくあります。次《つぎ》のような表記《ひょうき》です。

日本《にほん》……………日《にち》
オーストラリア…豪《ごう》
中国《ちゅうごく》……………中《ちゅう》
アメリカ…………米《べい》
イギリス…………英《えい》
フランス…………仏《ふつ》
イタリア…………伊《い》
ロシア……………露《ろ》
インド……………印《いん》
ドイツ……………独《どく》

Part3
04

世《せ》界《かい》の常《じょう》識《しき》❷ 〈人《じん》口《こう》〉

月　日
ランク
正解《せいかい》9〜12個《こ》 Ⓐ
正解《せいかい》5〜8個《こ》 Ⓑ
正解《せいかい》0〜4個《こ》 Ⓒ

❶ 左《ひだり》の表《ひょう》は、世界《せかい》の人口《じんこう》ランキングを表《あらわ》しています。空欄《くうらん》を埋《う》めるのにふさわしい言葉《ことば》をあとの語群《ごぐん》から選《えら》び、書《か》き入《い》れなさい。語群《ごぐん》には、答《こた》えに用《もち》いないものも含《ふく》まれています。なお、国《くに》の人口《じんこう》とは、その国《くに》に住《す》んでいる人《ひと》の総数《そうすう》を意味《いみ》します。

1位《い》	（　　　　）	約《やく》（　）億《おく》5400万人《まんにん》
2位《い》	（　　　　）	約《やく》（　）億《おく》5800万人《まんにん》
3位《い》	（　　　　）	約《やく》３億《おく》1600万人《まんにん》
4位《い》	インドネシア	約《やく》２億《おく》4500万人《まんにん》
5位《い》	（　　　　）	約《やく》１億《おく》9800万人《まんにん》
6位《い》	パキスタン	約《やく》１億《おく》8000万人《まんにん》
7位《い》	ナイジェリア	約《やく》１億《おく》6700万人《まんにん》
8位《い》	バングラデシュ	約《やく》１億《おく》5200万人《まんにん》
9位《い》	（　　　　）	約《やく》１億《おく》4300万人《まんにん》
10位《い》	（　　　　）	約《やく》１億《おく》2700万人《まんにん》
11位《い》	メキシコ	約《やく》１億《おく》1600万人《まんにん》

総務省統計局《そうむしょうとうけいきょく》『世界《せかい》の統計《とうけい》2013』をもとに作成《さくせい》

〈語群《ごぐん》〉
ロシア　日本《にほん》　アメリカ　ドイツ　中国《ちゅうごく》
ブラジル　インド　20　13　12　5

❷ 人口《じんこう》の変化《へんか》について書《か》かれた次《つぎ》の各説明《かくせつめい》のうち、正《ただ》しいものの記号《きごう》にマル、間違《まちが》っているものの記号《きごう》にバツをつけなさい。

ア　世界《せかい》の人口《じんこう》の総数《そうすう》（世界中《せかいじゅう》のすべての人間《にんげん》の数《かず》の合《ごう》計《けい》）は増《ふ》え続《つづ》けており、２０５０年《ねん》には、２０００年《ねん》の約《やく》１・５倍《ばい》の93億人《おくにん》に達《たっ》する見込《みこ》みである。

イ　世界《せかい》の人口《じんこう》の総数《そうすう》は減《へ》り続《つづ》けており、２０５０年《ねん》には２０００年《ねん》の約半分《やくはんぶん》、30億人《おくにん》になる見込《みこ》みである。

ウ　日本《にほん》の人口《じんこう》は２００８年《ねん》をピークに減《へ》り始《はじ》めており、２０５０年《ねん》には、２００８年《ねん》とくらべて３０００万人《まんにん》以上《いじょう》減《へ》る見込《みこ》みである。

エ　日本《にほん》の人口《じんこう》は、世界《せかい》の人口《じんこう》と同《おな》じく増《ふ》え続《つづ》けており、２０５０年《ねん》には2億人《おくにん》を超《こ》える見込《みこ》みである。

〈解答《かいとう》〉

❶ (1位《い》)中国《ちゅうごく》、13　(2位《い》)インド、12

(3位《い》)アメリカ　(5位《い》)ブラジル

(9位《い》)ロシア　(10位《い》)日本《にほん》

❷ ○……ア、ウ　×……イ、エ

〈解説《かいせつ》〉

❶前《ぜん》ページに挙《あ》げた人口《じんこう》のデータはいずれも、総務省統《そうむしょうとう》計局《けいきょく》『世界《せかい》の統計《とうけい》2013』に掲載《けいさい》されたデータ(2012年《ねん》の数値《すうち》)を利用《りよう》しています。

これによると、世界《せかい》の国々《くにぐに》で人口《じんこう》が1億人《おくにん》を超《こ》えている国《くに》は11か国《こく》あり、ちょうど❶のランキングに挙《あ》げられた国々《くにぐに》が、それに当《あ》たります。

❷世界《せかい》の人口《じんこう》は増《ふ》え続《つづ》けていますが、日本《にほん》の人口《じんこう》は減《へ》り続《つづ》けています。そのため、世界《せかい》では食糧不足《しょくりょうぶそく》などの問題《もんだい》が生《しょう》じており、また、日本《にほん》では労働力不足《ろうどうりょくぶそく》などの問題《もんだい》が深刻化《しんこくか》しつつあります。人口《じんこう》が減《へ》るということは、死《し》ぬ数《かず》より生《う》まれる数《かず》のほうが少《すく》なくなるということです。いわゆる「少子化《しょうしか》」の問題《もんだい》がそこにあります。子《こ》ども(若《わか》者《もの》)が減《へ》るということは、仕事《しごと》をできる人《ひと》(労働者《ろうどうしゃ》)が減《へ》るということです。これにより、経済大国《けいざいたいこく》と言《い》われ続《つづ》けてきた日本《にほん》が今後《こんご》は衰退《すいたい》して(弱《よわ》まって)いくのではないかと、心配《しんぱい》されています。

〈知識《ちしき》を広《ひろ》げる!〉

国《くに》の面積《めんせき》(広《ひろ》さ)のランキングは、次《つぎ》のようになっています。人口《じんこう》と比較《ひかく》しながらチェックしてみましょう。

1位《い》	ロシア	約《やく》1710万《まん》㎢
2位《い》	カナダ	約《やく》998万《まん》㎢
3位《い》	アメリカ	約《やく》963万《まん》㎢
4位《い》	中国《ちゅうごく》	約《やく》960万《まん》㎢
5位《い》	ブラジル	約《やく》851万《まん》㎢
6位《い》	オーストラリア	約《やく》769万《まん》㎢
7位《い》	インド	約《やく》329万《まん》㎢
8位《い》	アルゼンチン	約《やく》278万《まん》㎢
9位《い》	カザフスタン	約《やく》272万《まん》㎢
10位《い》	アルジェリア	約《やく》238万《まん》㎢
……		
61位《い》	日本《にほん》	約《やく》38万《まん》㎢

世界《せかい》の国《くに》の数《かず》は195か国《こく》

外務省《がいむしょう》ホームページより(2014年《ねん》)

アメリカは日本《にほん》とくらべて国土《こくど》の面積《めんせき》が25倍《ばい》以上《いじょう》ですが、人口《じんこう》は2・5倍程度《ばいていど》です。平均的《へいきんてき》には、日本《にほん》よりアメリカのほうがゆったりした空間《くうかん》があると言《い》えるでしょう。

Part3 05

メディアの常識《じょうしき》❶〈テレビ〉

月　日

ランク

正解《せいかい》6〜7個《こ》 A

正解《せいかい》4〜5個《こ》 B

正解《せいかい》0〜3個《こ》 C

❶ テレビ放送《ほうそう》について述《の》べた次《つぎ》の文章《ぶんしょう》の空欄《くうらん》を埋《う》めるのにふさわしい言葉《ことば》をあとの語群《ごぐん》から選《えら》び、書《か》き入《い》れなさい。語群《ごぐん》には、答《こた》えに用《もち》いない言葉《ことば》も含《ふく》まれています。同《おな》じ言葉《ことば》を二回使《にかいつか》ってもかまいません。

日本《にほん》のテレビ放送《ほうそう》は、民間放送《みんかんほうそう》（民放《みんぽう》）と公共放送《こうきょうほうそう》に大《おお》きく分《わ》けられます。

民放《みんぽう》は、会社《かいしゃ》（テレビ局《きょく》）が主《おも》に「自分《じぶん》」の利益《りえき》を上《あ》げることを大目的《だいもくてき》にしています。つまり、営利目的《えいりもくてき》の放《ほう》送《そう》です。それに対《たい》して、公共放送《こうきょうほうそう》は、主《おも》に「みんな」の役《やく》に立《た》つことを優先《ゆうせん》しています。つまり、公共《こうきょう》の福祉《ふくし》（みんなの幸福《こうふく》と利益《りえき》）を大目的《だいもくてき》とした放送《ほうそう》です。公共放送《こうきょうほうそう》は（　　　）（日本放送協会《にっぽんほうそうきょうかい》）が担《にな》っています。

（　　　）は、広告主《こうこくぬし》（企業等《きぎょうとう》）が作《つく》った（　　　）を番組《ばんぐみ》の途中《とちゅう》や前後《ぜんご》で流《なが》す代《か》わりに、広告主《こうこくぬし》からお金《かね》をもらい、そのお金《かね》によって番組《ばんぐみ》を作《つく》り、同時《どうじ》に、利益《りえき》を得《え》て、組織《そしき》を維持《いじ》しています。一方《いっぽう》、（　　　）は、視聴者《しちょうしゃ》から支払《しはら》われる（　　　）によって番《ばん》組《ぐみ》を作《つく》り、組織《そしき》を維持《いじ》しています。

このように、民放《みんぽう》とNHKは、財源《ざいげん》（お金《かね》の出《で》どころ）も目的《もくてき》も異《こと》なっているわけです。

民放《みんぽう》には、キー局《きょく》（在京《ざいきょう》キー局《きょく》※）と呼《よ》ばれるテレビ局《きょく》が五社《ごしゃ》あります。日本《にほん》テレビ、（　　　）、フジテレビ、テレビ朝日《あさひ》、（　　　）です（※制作《せいさく》した番組《ばんぐみ》を各地域《かくちいき》の放送局《ほうそうきょく》に送《おく》り出《だ》す、中心的《ちゅうしんてき》な放送局《ほうそうきょく》。東京《とうきょう》にある）。

これら民放《みんぽう》とNHKは異《こと》なりますが、だからと言《い》って民放《みんぽう》の番組《ばんぐみ》が公共《こうきょう》の福祉《ふくし》に反《はん》しているわけではありません。民放《みんぽう》でも、面白《おもしろ》く、分《わ》かりやすく、ためになる番組《ばんぐみ》作《づく》りがなされています。それが、電波《でんぱ》という「みんなの財産《ざいさん》」を扱《あつか》う者《もの》の使命《しめい》です。とはいえ、あらゆる営利企《えいりき》業《ぎょう》と同《おな》じく「商売《しょうばい》」をしているのだという点《てん》が、NHKとの大《おお》きな違《ちが》いだと言《い》えるでしょう。

〈語群《ごぐん》〉CM　受信料《じゅしんりょう》　NHK　テレビ神奈川《かながわ》　映像料《えいぞうりょう》
TBSテレビ　テレビ東京《とうきょう》　民放《みんぽう》　CS

〈解答《かいとう》〉

❶（順《じゅん》に）
ＮＨＫ、民放《みんぽう》、ＣＭ、ＮＨＫ、受信料《じゅしんりょう》、ＴＢＳテレビ、テレビ東京《とうきょう》（上記《じょうき》二《ふた》つのみ順不同《じゅんふどう》）

〈解説《かいせつ》〉

ＣＭとは、コマーシャル・メッセージの略《りゃく》で、「宣伝《せんでん》」「広告《こうこく》」といった意味《いみ》です。

ＴＢＳは、東京《とうきょう》ブロードキャスティングシステムの略《りゃく》語《ご》であり、また、「東京放送《とうきょうほうそう》」の通称《つうしょう》です。

なお、語群《ごぐん》の中《なか》の「テレビ神奈川《かながわ》」（ＴＶＫ）は実際《じっさい》に存在《そんざい》するテレビ局《きょく》です。

前《ぜん》ページの文章《ぶんしょう》における民放《みんぽう》とＮＨＫの違《ちが》いについては、ラジオでもほぼ同様《どうよう》に当《あ》てはまります。民放《みんぽう》のラジオ番組《ばんぐみ》にはＣＭが流《なが》れますが、ＮＨＫのラジオ番組《ばんぐみ》には流《なが》れません。

テレビを見《み》ているとき、ＣＭが流《なが》れるチャンネルと流《なが》れないチャンネルがある理由《りゆう》を、前《ぜん》ページの文章《ぶんしょう》をもとにして、自分《じぶん》なりに説明《せつめい》してみましょう。

正《ただ》しく説明《せつめい》できれば、前《ぜん》ページの内容《ないよう》をよく理解《りかい》できたということになるでしょう。

〈知識《ちしき》を広《ひろ》げる！〉

ＮＨＫのホームページに、次《つぎ》の文章《ぶんしょう》が掲載《けいさい》されています（http://www.nhk.or.jp/faq-corner/01nhk/01/01-01-02.htm）。

【公共放送《こうきょうほうそう》とは何《なに》か――電波《でんぱ》は国民《こくみん》の共有財産《きょうゆうざいさん》であるということからすると、広《ひろ》い意味《いみ》では民放《みんぽう》も公共性《こうきょうせい》があるということになりますが、一般的《いっぱんてき》には営利《えいり》を目的《もくてき》として行《おこな》う放送《ほうそう》を商業放送《しょうぎょうほうそう》（民間《みんかん》放送《ほうそう》）、国家《こっか》の強《つよ》い管理下《かんりか》で行《おこな》う放送《ほうそう》を国営放送《こくえいほうそう》ということができます。これらに対《たい》して、公共放送《こうきょうほうそう》とは営利《えいり》を目的《もくてき》とせず、国家《こっか》の統制《とうせい》からも自立《じりつ》して、公共《こうきょう》の福祉《ふくし》のために行《おこな》う放送《ほうそう》といえるでしょう】

新《あたら》しく、国営放送《こくえいほうそう》という言葉《ことば》が出《で》てきました。世界《せかい》には、国営放送《こくえいほうそう》が多数《たすう》あります。民間放送《みんかんほうそう》、公共放送《こうきょうほうそう》、国《こく》営放送《えいほうそう》の違《ちが》いを理解《りかい》できるよう、より詳《くわ》しく調《しら》べてみるとよいでしょう。

ところで、ラジオ機器《きき》でよく目《め》につく「ＡＭ放送《ほうそう》」と「ＦＭ放送《ほうそう》」は、どう違《ちが》うのでしょうか。本質的《ほんしつてき》には電《でん》波《ぱ》の伝《つた》え方《かた》の違《ちが》いですが、それにより、次《つぎ》のような違《ちが》いが生《しょう》じます。「ＡＭは比較的遠《ひかくてきとお》くまで（広《ひろ》く）伝《つた》わりやすいが、ＦＭはやや伝《つた》わりづらい」「ＡＭは雑音《ざつおん》が入《はい》りやすいが、ＦＭは入《はい》りにくい」など。どちらもメリット・デメリットがあるわけです。

Part3
06
メディアの常識《じょうしき》❷〈新聞《しんぶん》〉

月　日

ランク

正解《せいかい》7～9個《こ》　Ⓐ

正解《せいかい》4～6個《こ》　Ⓑ

正解《せいかい》0～3個《こ》　Ⓒ

❶ 新聞《しんぶん》について述《の》べた次《つぎ》の文章《ぶんしょう》の空欄《くうらん》を埋《う》めるのにふさわしい言葉《ことば》をあとの語群《ごぐん》から選《えら》び、書《か》き入《い》れなさい。語群《ごぐん》には、答《こた》えに用《もち》いない言葉《ことば》も含《ふく》まれています。同《おな》じ言葉《ことば》を二回使《にかいつか》ってもかまいません。

テレビにいろいろな放送局《ほうそうきょく》があるように、新聞《しんぶん》にもいろいろな種類《しゅるい》があります。日本全国《にほんぜんこく》を対象《たいしょう》にして編集《へんしゅう》・発行《はっこう》される全国紙《ぜんこくし》の場合《ばあい》、次《つぎ》の五《いつ》つが挙《あ》げられます。すなわち、「（　）新聞《しんぶん》」「（　）新聞《しんぶん》」「毎日《まいにち》新聞《しんぶん》」「日本経済新聞《にほんけいざいしんぶん》」「産経新聞《さんけいしんぶん》」です。発行部数《はっこうぶすう》は「（　）新聞《しんぶん》」が最《もっと》も多《おお》く、約《やく》1000万部《まんぶ》（朝刊《ちょうかん》）です（2013年《ねん》※1）。次《つぎ》に多《おお》いのは「（　）新聞《しんぶん》」で、こちらは約《やく》760万部《まんぶ》（朝刊《ちょうかん》）です（2013年《ねん》※2）。

全国紙《ぜんこくし》のほかにも、ブロック紙《し》（東海《とうかい》・中部地方《ちゅうぶちほう》を対《たい》象《しょう》とした中日新聞《ちゅうにちしんぶん》、九州地方《きゅうしゅうちほう》を対象《たいしょう》とした西日本新聞《にしにほんしんぶん》、そして北海道新聞《ほっかいどうしんぶん》など）、地方紙《ちほうし》（県単位《けんたんい》で発行《はっこう》されている新聞《しんぶん》）、（　）紙《し》、夕刊紙《ゆうかんし》、産業紙《さんぎょうし》、専門《せんもん》紙《し》・業界紙《ぎょうかいし》といった種類《しゅるい》があります。

新聞《しんぶん》のデメリットは、テレビのような（　）性《せい》と臨場感《りんじょうかん》※3に欠《か》けることです。今起《いまお》こっていることを今《いま》すぐリアルに伝《つた》えることができるという点《てん》では、テレビにはかないません。ただし、市民《しみん》の関心《かんしん》が高《たか》いニュースについては、わずかな枚数《まいすう》のみ印刷《いんさつ》した（　）を駅頭《えきとう》で臨時《りんじ》に配布《はいふ》するなどして（　）性《せい》の不足《ふそく》を補《おぎな》っていますし、選《えら》び抜《ぬ》かれた（　）によって臨場感《りんじょうかん》をも補《おぎな》っています。一方《いっぽう》、新聞《しんぶん》のメリットとしては、テレビが報《ほう》じない小《ちい》さなニュースも載《の》っていること、いつでも見直《みなお》して確《たし》かめられること、じっくり読《よ》んで考《かんが》えるための記事《きじ》が多《おお》いことなどが挙《あ》げられるでしょう。

※1 http://adv.yomiuri.co.jp/yomiuri/n-busu/index.html
※2 http://adv.asahi.com/modules/ad/index.php/about.html
※3 臨場感《りんじょうかん》……まるで実際《じっさい》にその場《ば》にいるかのような感《かん》じ

〈語群《ごぐん》〉 正確《せいかく》　読売《よみうり》　速報《そくほう》　写真《しゃしん》
号外《ごうがい》　朝日《あさひ》　回覧《かいらん》　スポーツ

〈解答《かいとう》〉

❶（順《じゅん》に）
読売《よみうり》、朝日《あさひ》（上記《じょうき》二《ふた》つのみ順不同《じゅんふどう》）、
読売《よみうり》、朝日《あさひ》、スポーツ、速報《そくほう》、号外《ごうがい》、速報《そくほう》、写真《しゃしん》

〈解説《かいせつ》〉

新聞《しんぶん》は、75、76ページで取《と》り上《あ》げたテレビと合《あ》わせて、マスコミの代表格《だいひょうかく》です。

マスコミとは、マス・コミュニケーションの略《りゃく》です。マス（mass）は英語《えいご》で、この場合《ばあい》は「大衆《たいしゅう》」を意味《いみ》します。大衆《たいしゅう》とは、多《おお》くの一般市民《いっぱんしみん》のことです。要《よう》するにマスコミとは、不特定多数《ふとくていたすう》の一般市民《いっぱんしみん》に対《たい》して情報《じょうほう》を伝《つた》えるための媒体《ばいたい》（メディア）、すなわち、テレビ、新聞《しんぶん》、ラジオ、雑誌《ざっし》、インターネット等《とう》を指《さ》すわけです。

あなたは、同《おな》じニュースを伝《つた》えるにもテレビ局《きょく》によって伝《つた》え方《かた》にかなりの差《さ》があるということに、気《き》がついているでしょうか。伝《つた》え方《かた》だけでなく、伝《つた》える内容《ないよう》そのものに違《ちが》いがあることも多々《たた》あります。

たとえば、何《なに》か犯罪《はんざい》が報《ほう》じられる際《さい》、あるテレビ局《きょく》では容疑者《ようぎしゃ》の名前《なまえ》を出《だ》しているのに、別《べつ》のテレビ局《きょく》では出《だ》していないとか、選挙前《せんきょまえ》に行《おこな》われる世論調査《よろんちょうさ》の結果《けっか》（数《すう》値《ち》）が、あるテレビ局《きょく》ではA党有利《とうゆうり》・B党不利《とうふり》と伝《つた》えられているのに、別《べつ》のテレビ局《きょく》ではその逆《ぎゃく》になっているとか、そういうことが、実際《じっさい》に多々《たた》あるわけです。

そういった違《ちが》いが、テレビ局《きょく》の主張《しゅちょう》（意見《いけん》、考《かんが》え方《かた》）による必然的《ひつぜんてき》なものなのか、それとも単《たん》に偶然《ぐうぜん》なのかははっきりしません。しかし、少《すく》なくとも、「違《ちが》っていることが多《おお》い」ということを知《し》っておく必要《ひつよう》があります。

そして、テレビ報道《ほうどう》に差《さ》があるのと同様《どうよう》に（あるいはテレビ以上《いじょう》に）、新聞報道《しんぶんほうどう》にも差《さ》があるのです。

〈知識《ちしき》を広《ひろ》げる！〉

テレビを全《まった》く見《み》ないという人《ひと》は少《すく》ないですが、新聞《しんぶん》を全《まった》く読《よ》まないという人《ひと》はかなりいます。この機会《きかい》に、手《て》に取《と》ってみましょう。

また、新聞《しんぶん》の場合《ばあい》は、五種類《ごしゅるい》の全国紙《ぜんこくし》すべてを、テレビのチャンネルのように手軽《てがる》に比較《ひかく》するということは、なかなかできません。この機会《きかい》に、新聞《しんぶん》の読《よ》みくらべをしてみてはどうでしょうか（全国紙《ぜんこくし》は、コンビニや駅売《えきばい》店《てん》でも買《か》えます）。なお、「こども新聞《しんぶん》」の類《たぐい》にも、同様《どうよう》に複数《ふくすう》の種類《しゅるい》があり、内容《ないよう》にも違《ちが》いがあります。チェックしてみるとよいでしょう。

Part3
07

メディアの常識《じょうしき》③〈インターネット〉

❶ コンピューターやインターネットに関《かん》する次《つぎ》の各説《かくせつ》明《めい》のうち、正《ただ》しいものの記号《きごう》にマル、間違《まちが》っているものの記号《きごう》にバツをつけなさい。

ア　コンピューターとインターネットは、同《おな》じ意味《いみ》だ。
イ　電子《でんし》メールは通常《つうじょう》、インターネットを利用《りよう》して送信《そうしん》したり受信《じゅしん》したりする。
ウ　一度《いちど》の操作《そうさ》で電子《でんし》メールを送信《そうしん》できる相手《あいて》は、一人《ひとり》だけである。
エ　キーボードやマウスなどを用《もち》いてコンピューターを操作《そうさ》しようとしても思《おも》うように動《うご》かず、コンピューターが止《と》まってしまうことを、フリーズと言《い》う。
オ　フリーズとは、もともと「凍《こお》る」という意味《いみ》である。
カ　インターネットは、世界中《せかいじゅう》のコンピューターや携帯《けいたい》端末《たんまつ》（スマホ等《とう》）をつないでいるネットワークである。
キ　インターネットが世界中《せかいじゅう》に広《ひろ》まり始《はじ》めたのは、1970年代《ねんだい》である。
ク　グーグル（Google）は検索《けんさく》サイトだが、ヤフー（Yahoo!）は検索《けんさく》サイトではない。
ケ　インターネット等《とう》を通《つう》じて他人《たにん》のコンピューターに勝手《かって》に入《はい》り込《こ》むプログラムを、コンピューターウィルスと呼《よ》ぶ。

❷ ①～④は、グーグルを使《つか》って検索《けんさく》する際《さい》のキーワード入力《にゅうりょく》の例《れい》です。それぞれの検索《けんさく》の意図《いと》をア～エから選《えら》び、書《か》き入《い》れなさい（▮の部分《ぶぶん》は半角《はんかく》スペース）。

ア　「LED」と「電球《でんきゅう》」、どちらかを含《ふく》む情報《じょうほう》を探《さが》す。
イ　「LED」と「電球《でんきゅう》」、両《りょう》方《ほう》を含《ふく》む情報《じょうほう》を探《さが》す。
ウ　「LED」を含《ふく》み「電球《でんきゅう》」を含《ふく》まない情報《じょうほう》を探《さが》す。
エ　「LED電球《でんきゅう》」を完全《かんぜん》に含《ふく》む情報《じょうほう》を探《さが》す。

①（　　）　“LED電球《でんきゅう》”　検索《けんさく》
②（　　）　LED▮電球《でんきゅう》　検索《けんさく》
③（　　）　LED▮OR▮電球《でんきゅう》　検索《けんさく》
④（　　）　LED▮−電球《でんきゅう》　検索《けんさく》

月　日
ランク
正解《せいかい》10～13個《こ》　A
正解《せいかい》6～9個《こ》　B
正解《せいかい》0～5個《こ》　C

〈解答《かいとう》〉

❶

〇……イ、エ、オ、カ、ケ

×……ア、ウ、キ、ク

❷

①エ　②イ　③ア　④ウ

〈解説《かいせつ》〉

❶ア……インターネットを網《あみ》とするなら、コンピューターは網《あみ》の糸《いと》と糸《いと》が交《まじ》わる結《むす》び目《め》です。インターネットは、その全体像《ぜんたいぞう》を一目《ひとめ》でとらえることができませんが、コンピューターは単《たん》なる道具《どうぐ》ですから、一目《ひとめ》でとらえられます。

ウ……CC（カーボンコピー）やBCC（ブラインド・カーボンコピー）などの機能《きのう》を使《つか》えば、一度《いちど》に複数《ふくすう》の宛《あて》先《さき》に送信《そうしん》できます。

キ……正《ただ》しくは1990年代《ねんだい》です（意外《いがい》に新《あたら》しいものなのです）。

ク……どちらも大手《おおて》検索《けんさく》サイトです。

❷最《もっと》も使《つか》う機会《きかい》が多《おお》いのは、②です。「AND《アンド》検索《けんさく》」とも呼《よ》ばれる方法《ほうほう》です。

④は、たとえば動物《どうぶつ》としての「キリン」を調《しら》べようとして検索《けんさく》したらビールや清涼飲料《せいりょういんりょう》の会社《かいしゃ》としてのキリンの情報《じょうほう》が出《で》てきてしまった、などという場合《ばあい》に、たとえば「ビール」の前《まえ》に半角《はんかく》のマイナス記号《きごう》（ハイフン）を入《い》れることで、「ビール」を除外《じょがい》した検索結果《けんさくけっか》が表示《ひょうじ》されます。これは、「NOT《ノット》検索《けんさく》」とも呼《よ》ばれます。

①は、引用符《いんようふ》でひとくくりにすることで、漢字《かんじ》・ひらがな・カタカナなどの表記方法《ひょうきほうほう》も含《ふく》めたすべてが完全一致《かんぜんいっち》する検索結果《けんさくけっか》だけを表示《ひょうじ》させることができる方法《ほうほう》です。

③は、「OR《オア》検索《けんさく》」と呼《よ》ばれます。OR《オア》とは英語《えいご》で「または」の意味《いみ》です。キーワードのいずれかを含《ふく》んでいればよいという場合《ばあい》に用《もち》います。

〈知識《ちしき》を広《ひろ》げる！〉

こうした検索《けんさく》の基本技術《きほんぎじゅつ》は、小学生《しょうがくせい》にとっても今《いま》や「常識《じょうしき》」です。学校《がっこう》の先生《せんせい》に、「このテーマをインターネットで調《しら》べて来《き》なさい」という宿題《しゅくだい》を出《だ》されても、調《しら》べ方《かた》を知《し》らなくては苦戦《くせん》するばかりです。まずは②・④を練《れん》習《しゅう》し、それから、①・③を使《つか》いこなせるようにしましょう。より詳《くわ》しい方法《ほうほう》は、「検索演算子《けんさくえんざんし》」というキーワードで検索《けんさく》してみましょう。

Part3 08

メディアの常識《じょうしき》④〈ネットコミュニケーション〉

月　日

ランク

正解《せいかい》5～7個《こ》　A

正解《せいかい》3～4個《こ》　B

正解《せいかい》0～2個《こ》　C

❶ インターネット上《じょう》でのコミュニケーションについて述《の》べた次《つぎ》の文章《ぶんしょう》の空欄《くうらん》を埋《う》めるのにふさわしい言葉《ことば》をあとの語群《ごぐん》から選《えら》び、書《か》き入《い》れなさい。同《おな》じ言葉《ことば》は一《いち》度《ど》しか使《つか》えません。語群《ごぐん》には、答《こた》えに用《もち》いない言葉《ことば》も含《ふく》まれています。

現在《げんざい》、インターネット（以下《いか》、ネット）上《じょう》では、個人《こじん》どうしのコミュニケーション（やりとり）がさかんに行《おこな》われています。その最大《さいだい》の特徴《とくちょう》は、（　　　　）にあります。言《い》いかえれば、同時性《どうじせい》です。Aさんがネットに公開《こうかい》した言葉《ことば》・画像《がぞう》・動画《どうが》などを、ほぼ同時《どうじ》にBさんも見《み》ることができます。Aさんが北海道《ほっかいどう》、Bさんが沖縄《おきなわ》にいても、あるいは片方《かたほう》が海外《かいがい》にいる場合《ばあい》でも、その同時性《どうじせい》はほとんど変《か》わりません。また、Aさんが公開《こうかい》したものを同時《どうじ》に見《み》られるのは、Bさんだけではありません。CさんもDさんもEさんも――つまり（　　　　）の人々《ひとびと》が、同《おな》じ情報《じょうほう》を瞬時《しゅんじ》に得《え》ることができます。さらに、情報《じょうほう》を得《え》たCさんがその情報《じょうほう》をQさんへ広《ひろ》め、QさんがRさんとSさんへ広《ひろ》め、というように（　　　　）させることもできるため、あっという間《ま》に万人単位《まんにんたんい》の人々《ひとびと》が同《おな》じ情報《じょうほう》を共有《きょうゆう》することができるのです。そういったことが可能《かのう》になるネット上《じょう》の場《ば》としては、掲示板《けいじばん》、（　　　　）、フェイスブック、（　　　　）、LINE《ライン》など、さまざまな種類《しゅるい》があります。これらのツール（道具《どうぐ》）は、メリットが多《おお》い反面《はんめん》、デメリットもあります。公的機関《こうてききかん》ではない（　　　　）が発信《はっしん》する情報《じょうほう》の中《なか》には、たとえ広《ひろ》く知《し》られるようになった情報《じょうほう》であるとしても、意図的《いとてき》なウソの情報《じょうほう》、いわゆる（　　　　）や、間違《まちが》った情報《じょうほう》も含《ふく》まれているのです。これらのツールを活用《かつよう》するためには、情報《じょうほう》を取捨選択《しゅしゃせんたく》する力《ちから》が求《もと》められるわけです。

〈語群《ごぐん》〉集中《しゅうちゅう》　仮説《かせつ》　不特定多数《ふとくていたすう》　ブログ　拡散《かくさん》　デマ
個人《こじん》　ツイッター　リアルタイム性《せい》　特定少数《とくていしょうすう》

〈解答《かいとう》〉

❶（順《じゅん》に）（ブログ、ツイッターのみ順不同《じゅんふどう》）
リアルタイム性《せい》、不特定多数《ふとくていたすう》、拡散《かくさん》、ブログ、ツイッター、個人《こじん》、デマ

〈解説《かいせつ》〉

リアルタイムとは、直訳《ちょくやく》すれば「現実《げんじつ》の時間《じかん》」といった意味《いみ》になりますが、ここでは、「同時《どうじ》」の意味《いみ》です。「不特定多数《ふとくていたすう》の人々《ひとびと》」とは、不特定《ふとくてい》の（決《き》まっていない）多数《たすう》の人々《ひとびと》、という意味《いみ》です。語群《ごぐん》にある「特定少数《とくていしょうすう》」とは正反対《せいはんたい》です。

本文《ほんぶん》にあるように、インターネットは、世界中《せかいじゅう》の不特《ふとく》定《てい》多数《たすう》の人々《ひとびと》に開《ひら》かれています。ですから、インターネット上《じょう》に一度《いちど》公開《こうかい》した文章《ぶんしょう》や画像《がぞう》、動画《どうが》などは、たとえあとから「消《け》したい」と思《おも》っても完全《かんぜん》に消《け》し去《さ》ることはできないと思《おも》わなければなりません。誰《だれ》かがデータを自《じ》分《ぶん》のパソコン等《とう》に保存《ほぞん》してしまえば、たとえネット上《じょう》から消《け》すことができても、その誰《だれ》かの手元《てもと》には残《のこ》るのです。

個人情報《こじんじょうほう》（名前《なまえ》、住所《じゅうしょ》、年齢《ねんれい》、顔写真《かおじゃしん》、学校名等《がっこうめいとう》、個《こ》人《じん》を特定《とくてい》できる情報《じょうほう》）はもちろんのこと、行動《こうどう》（今《いま》どこにいる、いつどこにいた）についてもできる限《かぎ》り公開《こうかい》しないよう、慎重《しんちょう》の上《うえ》にも慎重《しんちょう》を重《かさ》ねなければならないというのが、インターネット上《じょう》でコミュニケーション・ツールを使《つか》う際《さい》の常識《じょうしき》です。

そのため、ほとんどのツールは、本名《ほんみょう》を公開《こうかい》しなくても使《つか》えるようになっています。この、名前《なまえ》を隠《かく》している状態《じょうたい》を「匿名《とくめい》」と言《い》います。

〈知識《ちしき》を広《ひろ》げる！〉

インターネット・コミュニケーションにおける「匿名《とくめい》性《せい》」は、個人情報《こじんじょうほう》を守《まも》るという点《てん》では役立《やくだ》っていますが、逆《ぎゃく》に害《がい》ももたらしています。たとえば、「何《なに》を書《か》いても、自分《じぶん》が誰《だれ》なのかが分《わ》からなければ問題《もんだい》ない」という考《かんが》えから、デマ（根拠《こんきょ》のない意図的《いとてき》なウソ）や、著名人《ちょめいじん》への誹謗中傷《ひぼうちゅうしょう》（根拠《こんきょ》のない悪口《わるぐち》）を書《か》いたり、著名人《ちょめいじん》の名前《なまえ》を使《つか》い当人《とうにん》のふりをする「なりすまし」をしたりする人《ひと》が、実際《じっさい》に存在《そんざい》します。こうした場合《ばあい》、たとえ名前《なまえ》が公《こう》開《かい》されていなくても、ネット上《じょう》に存在《そんざい》するＩＰ《アイピー》アドレス（ネット上《じょう》の住所《じゅうしょ》のようなもの）をもとに誰《だれ》が書《か》いたのかを特定《とくてい》され、警察《けいさつ》に逮捕《たいほ》されることがあります。

ネット上《じょう》でも、現実世界《げんじつせかい》と同様《どうよう》、ルールやマナーを守《まも》ることが大切《たいせつ》だと言《い》えるでしょう。

Part3
09 文学《ぶんがく》の常識《じょうしき》〈文学賞《ぶんがくしょう》・短歌《たんか》と俳句《はいく》〉

月　日
ランク
正解《せいかい》8～11個《こ》　A
正解《せいかい》5～7個《こ》　B
正解《せいかい》0～4個《こ》　C

❶ 文学賞《ぶんがくしょう》について書《か》かれた次《つぎ》の文章《ぶんしょう》の空欄《くうらん》を埋《う》めるのにふさわしい言葉《ことば》をあとの語群《ごぐん》から選《えら》び、書《か》き入《い》れなさい。語群《ごぐん》には、答《こた》えに用《もち》いない言葉《ことば》も含《ふく》まれています。

日本《にほん》には、1935年《ねん》に設《もう》けられた有名《ゆうめい》な文学賞《ぶんがくしょう》が二《ふた》つあります。どちらも毎年《まいとし》（　　）回《かい》、同《おな》じ時期《じき》に授賞《じゅしょう》されます。一《ひと》つめは、（　　）です。これは、無名《むめい》の新人作家《しんじんさっか》（の作品《さくひん》）に与《あた》えられる文学賞《ぶんがくしょう》です。作家《さっか》である（　　）の名《な》を記念《きねん》して設《もう》けられました。二《ふた》つめは、（　　）です。これは、作家《さっか》として世《よ》に出《で》て一定《いってい》の活躍《かつやく》をしている作家《さっか》、つまり、新進《しんしん》または中堅《ちゅうけん》の作家《さっか》（の作品《さくひん》）に与《あた》えられる文学賞《ぶんがくしょう》です。作家《さっか》である（　　）の名《な》を記念《きねん》して設《もう》けられました。

〈語群《ごぐん》〉
直木賞《なおきしょう》　ノーベル文学賞《ぶんがくしょう》　2　芥川龍之介《あくたがわりゅうのすけ》
直木三十五《なおきさんじゅうご》　芥川賞《あくたがわしょう》　5　ノーベル

❷ 日本《にほん》の詩歌《しいか》について述《の》べた次《つぎ》の文章《ぶんしょう》の（　）内《ない》を考《かんが》えます。二《ふた》つの言葉《ことば》が並《なら》んでいる場合《ばあい》は、一《ひと》つを選《えら》びマルをつけなさい。空白《くうはく》の場合《ばあい》は、ふさわしい言葉《ことば》を考《かんが》えて埋《う》めなさい。

A　春《はる》すぎて夏来《なつき》にけらし白妙《しろたえ》の衣《ころも》ほすてふ天《あま》の香具山《かぐやま》
B　古池《ふるいけ》や蛙《かわず》飛《と》びこむ水《みず》の音《おと》

Aは、（短歌《たんか》・俳句《はいく》）です。「三十一文字」とも表現《ひょうげん》します。これは、（　　）と読《よ》みます。（　　）の5句《く》・31音《おん》からできています。

Bは、（短歌《たんか》・俳句《はいく》）です。「十七文字」とも表現《ひょうげん》します。これは、（　　）と読《よ》みます。五七五《ごしちご》の3句《く》・17音《おん》でできています。

Aは、持統天皇《じとうてんのう》が詠《よ》んだものです。

Bは、（　　）が詠《よ》んだものです。

〈解答《かいとう》〉

❶（順《じゅん》に）
2、芥川賞《あくたがわしょう》、芥川龍之介《あくたがわりゅうのすけ》、直木賞《なおきしょう》、直木三十五《なおきさんじゅうご》

❷（順《じゅん》に）
短歌《たんか》、みそひともじ、五七五七七《ごしちごしちしち》、俳句《はいく》、じゅうしちもじ、松尾芭蕉《まつおばしょう》

〈解説《かいせつ》〉

❶芥川賞《あくたがわしょう》は、「純文学《じゅんぶんがく》」に与《あた》えられるものとされています。一方《いっぽう》、直木賞《なおきしょう》は、「大衆文学《たいしゅうぶんがく》」に与《あた》えられるものとされています。

両者《りょうしゃ》を明確《めいかく》に区別《くべつ》するのは難《むずか》しいことですが、純文学《じゅんぶんがく》は芸術性《げいじゅつせい》を重視《じゅうし》し、大衆文学《たいしゅうぶんがく》は娯楽性《ごらくせい》を重視《じゅうし》しているというのが一般的《いっぱんてき》な解釈《かいしゃく》です。

芸術性《げいじゅつせい》と娯楽性《ごらくせい》は反対語《はんたいご》ではないため、違《ちが》いが分《わ》かりづらいのですが、「大衆《たいしゅう》」という言葉《ことば》に注目《ちゅうもく》すると、ひとつの違《ちが》いが見《み》えてきます。つまり、より多《おお》くの一般市民《いっぱんしみん》にとって分《わ》かりやすいものかどうか、ということです。

そう考《かんが》えると、純文学《じゅんぶんがく》は読《よ》む（理解《りかい》する）のが難《むずか》しく、大衆文学《たいしゅうぶんがく》は簡単《かんたん》である、ということになります。とはいえ、実際《じっさい》のところは、それぞれの賞《しょう》をとった小説《しょうせつ》を読《よ》み比《くら》べてみるしかありません。

なお、どちらの賞《しょう》も、株式会社文藝春秋《かぶしきがいしゃぶんげいしゅんじゅう》（文芸春秋《ぶんげいしゅんじゅう》社《しゃ》）という出版社《しゅっぱんしゃ》が企画《きかく》しているものです。

❷Aの短歌《たんか》は、百人一首《ひゃくにんいっしゅ》にも入《はい》っている有名《ゆうめい》な歌《うた》です。Bも有名《ゆうめい》な俳句《はいく》です。どちらも、丸《まる》ごと覚《おぼ》えておきましょう。

〈知識《ちしき》を広《ひろ》げる！〉

日本人《にほんじん》は一般《いっぱん》に、多《おお》くの言葉《ことば》を並《なら》べ立《た》てて長々《ながなが》と論理的《ろんりてき》に説明《せつめい》するよりも、短《みじか》く少《すく》ない言葉《ことば》に思《おも》いを込《こ》めて、読《よ》み手《て》の感性《かんせい》に訴《うった》えるようにして伝《つた》えるほうが得意《とくい》であると言《い》われます。

それが最《もっと》もよく表《あらわ》れているのが、短歌《たんか》と俳句《はいく》でしょう。欧米人《おうべいじん》はBの句《く》の蛙《かえる》が何匹《なんびき》いたのかということを考《かんが》えようとするが、日本人《にほんじん》にはそれが一匹《いっぴき》であろうということが感覚的《かんかくてき》に分《わ》かる——という話《はなし》もあります。短歌《たんか》も俳句《はいく》も、日本人《にほんじん》らしい感性《かんせい》を引《ひ》き出《だ》す詩歌《しいか》であると言《い》えるでしょう。

百人一首《ひゃくにんいっしゅ》は、かるた遊《あそ》びとしても親《した》しまれています。積極的《せっきょくてき》に暗唱《あんしょう》するなどして、古来《こらい》から受《う》け継《つ》がれてきた日本人《にほんじん》の言葉《ことば》に触《ふ》れる機会《きかい》を増《ふ》やしましょう。

Part3
10

音楽《おんがく》の常識《じょうしき》〈楽器《がっき》〉

月	日

ランク
正解《せいかい》10～12個《こ》 A
正解《せいかい》7～9個《こ》 B
正解《せいかい》0～6個《こ》 C

❶ 次《つぎ》のそれぞれの楽器《がっき》の名前《なまえ》をあとの語群《ごぐん》から選《えら》び、書《か》き入《い》れなさい。同《おな》じ言葉《ことば》は一度《いちど》しか使《つか》えません。語《ご》群《ぐん》には、答《こた》えに用《もち》いない言葉《ことば》も含《ふく》まれています。

①（　　　　　　）

②（　　　　　　）

③（　　　　　　）

④（　　　　　　）
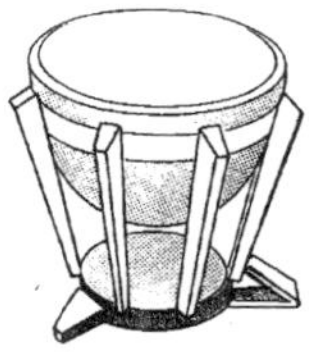

⑤（　　　　　　）

⑥（　　　　　　）
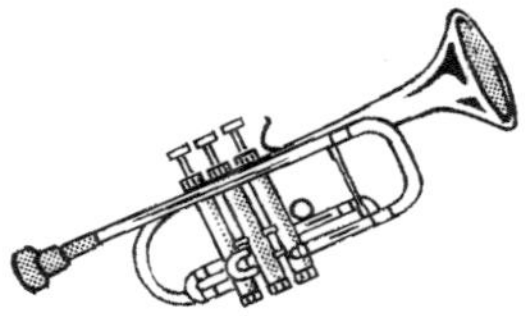

〈語群《ごぐん》〉トランペット　太鼓《たいこ》　ティンパニ　ギター　バイオリン　三味線《しゃみせん》　リコーダー　フルート

❷ 楽器《がっき》の分類《ぶんるい》について述《の》べた次《つぎ》の文章《ぶんしょう》の空欄《くうらん》を埋《う》めるのにふさわしい言葉《ことば》をあとの語群《ごぐん》から選《えら》び、書《か》き入《い》れなさい。同《おな》じ言葉《ことば》は一度《いちど》しか使《つか》えません。

（　　　　　　）のように弦《げん》をこすったり、（　　　　　　）のように弦《げん》をはじいたりする楽器《がっき》を、（　　　　　　）と呼《よ》ぶ。また、管《くだ》に息《いき》を吹《ふ》き込《こ》むなどして音《おと》を出《だ》す楽器《がっき》を、（　　　　　　）と呼《よ》ぶ。（　　　　　　）、トランペットなどがそれに当《あ》たる。そして、カスタネットやティンパニなど、主《おも》に打《う》つことで音《おと》を出《だ》す楽器《がっき》を、（　　　　　　）と呼《よ》ぶ。

〈語群《ごぐん》〉打楽器《だがっき》　バイオリン　管楽器《かんがっき》　三味線《しゃみせん》　リコーダー　弦楽器《げんがっき》

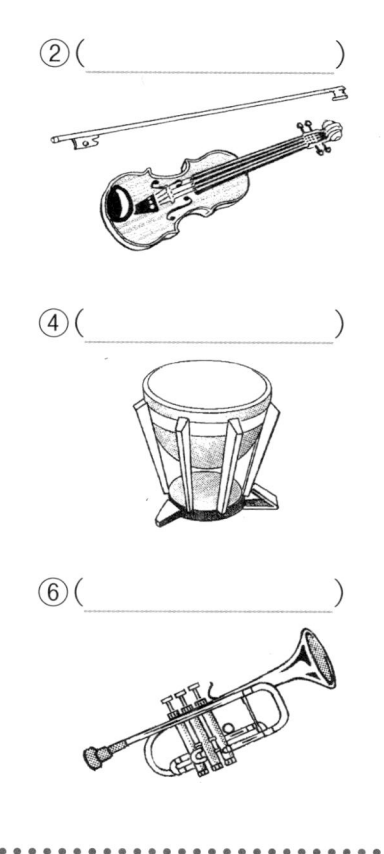

〈解答《かいとう》〉

❶
①太鼓《たいこ》　②バイオリン　③リコーダー
④ティンパニ　⑤三味線《しゃみせん》　⑥トランペット

❷（順《じゅん》に）
バイオリン、三味線《しゃみせん》、弦楽器《げんがっき》、管楽器《かんがっき》、リコーダー、打楽器《だがっき》

〈解説《かいせつ》〉

楽器《がっき》の分類方法《ぶんるいほうほう》はいくつもあり、「これが絶対《ぜったい》の分類《ぶんるい》方法《ほうほう》だ」というものはありませんが、〈知識《ちしき》を広《ひろ》げる！〉に書《か》いた分類《ぶんるい》が最《もっと》も綿密《めんみつ》なものであると言《い》えます。

今回《こんかい》の問題《もんだい》では、それとは別《べつ》の一般的分類《いっぱんてきぶんるい》である「弦《げん》楽器《がっき》」「管楽器《かんがっき》」「打楽器《だがっき》」を扱《あつか》っています。

弦楽器《げんがっき》では、「弦《げん》をこする」「弦《げん》をはじく」のほかにも、「弦《げん》をたたく」ことによって音《おと》を出《だ》すものがあります。ピアノがその好例《こうれい》です。鍵盤《けんばん》の動《うご》きが伝《つた》わるハンマーのようなもので弦《げん》をたたくのが、ピアノの仕組《しく》みです。これは、細《こま》かな分類《ぶんるい》としては「打弦楽器《だげんがっき》」と呼《よ》ばれます。ただし、ピアノは「鍵盤楽器《けんばんがっき》」に分類《ぶんるい》されることもあります。なお、打弦楽器《だげんがっき》に対《たい》して、こするタイプは擦弦楽器《さつげんがっき》、はじくタイプは撥弦楽器《はつげんがっき》と呼《よ》ばれます。三味線《しゃみせん》のほかにも、ギターやハープなどが、はじくタイプです。

管楽器《かんがっき》は、「ブブブ……」といった唇《くちびる》の振動《しんどう》をもとにして音《おと》を出《だ》す金管楽器《きんかんがっき》と、それ以外《いがい》の（唇《くちびる》の振動《しんどう》をもとにしない）木管楽器《もっかんがっき》に分《わ》かれます。フルートなどのように、現在《げんざい》は金属製《きんぞくせい》のものが多《おお》くても音《おと》の出《だ》し方《かた》から木《もっ》管楽器《かんがっき》に分類《ぶんるい》されるという楽器《がっき》もあります。

〈知識《ちしき》を広《ひろ》げる！〉

音《おと》の出《だ》し方《かた》によって綿密《めんみつ》に分《わ》けると、楽器《がっき》は次《つぎ》の五《いつ》つに分類《ぶんるい》されます（クルト・ザックスの分類《ぶんるい》）。①【体鳴楽器《たいめいがっき》】楽器本体《がっきほんたい》の振動《しんどう》で音《おと》を出《だ》す（木琴《もっきん》、ベルなど）②【膜鳴楽器《まくめいがっき》】強《つよ》く張《は》った膜《まく》の振動《しんどう》で音《おと》を出《だ》す（太鼓《たいこ》など）③【弦鳴楽器《げんめいがっき》】弦《げん》の振動《しんどう》で音《おと》を出《だ》す（例《れい》は先述《せんじゅつ》の弦楽器《げんがっき》と同《おな》じ）④【気鳴楽器《きめいがっき》】空気《くうき》そのものの振動《しんどう》で音《おと》を出《だ》す（先述《せんじゅつ》の管楽器《かんがっき》やアコーディオンなど）⑤【電鳴楽器《でんめいがっき》】電気《でんき》を利用《りよう》して音《おと》を出《だ》す（エレキギター、シンセサイザーなど）

楽器《がっき》を使《つか》うときには、「この楽器《がっき》は、どうやって音《おと》を出《だ》しているんだろう？」と、ぜひ考《かんが》えてみてください。それが、楽器《がっき》に関《かん》する知識《ちしき》を広《ひろ》げるためのポイントです。

Part3 11

学校《がっこう》の常識《じょうしき》〈小《しょう》・中《ちゅう》・高《こう》・大《だい》〉

月　日

ランク

正解《せいかい》12〜16個《こ》　A

正解《せいかい》7〜11個《こ》　B

正解《せいかい》0〜6個《こ》　C

❶ 学校制度《がっこうせいど》について述《の》べた次《つぎ》の文章《ぶんしょう》の空欄《くうらん》を埋《う》めるのにふさわしい言葉《ことば》をあとの語群《ごぐん》から選《えら》び、書《か》き入《い》れなさい。同《おな》じ言葉《ことば》を何度《なんど》使《つか》ってもかまいません。

いわゆる（　　　　）の期間《きかん》は、小学校《しょうがっこう》6年間《ねんかん》と中学校《ちゅうがっこう》（　　）年間《ねんかん》です。そのあとは多《おお》くの場合《ばあい》、（　　　　）に（　　）年間通《ねんかんかよ》います。さらにそのあとは大学《だいがく》に通《かよ》うのが一般的《いっぱんてき》ですが、これは多《おお》くの場合《ばあい》、（　　）年間《ねんかん》です。これらを合《あ》わせて、（　　　　）と呼《よ》ぶことがあります。また、中学校《ちゅうがっこう》と（　　　　）、合《あ》わせて6年間《ねんかん》を同《おな》じ学校《がっこう》（同《おな》じ母体《ぼたい》の学校《がっこう》）ですごすのが、中高一貫教育《ちゅうこういっかんきょういく》※です。（　　　　）の中等教育学校《ちゅうとうきょういくがっこう》や、私立《しりつ》の中高一貫校《ちゅうこういっかんこう》などがあります（※小学校《しょうがっこう》と中学校《ちゅうがっこう》を同《おな》じ学校《がっこう》ですごす「小中一貫《しょうちゅういっかん》教育《きょういく》」もあります）。

なお、中学校《ちゅうがっこう》を卒業《そつぎょう》したあとは必《かなら》ず（　　　　）に行《い》くと決《き》まっているわけではありません。各《かく》種《しゅ》の（　　　　）など、いくつかの道《みち》があります。

また、大学《だいがく》と名《な》のつく場合《ばあい》でも、必《かなら》ず（　　）年間通《ねんかんかよ》うものとは限《かぎ》りません。たとえば、（　　　　）の場合《ばあい》は、通常《つうじょう》2年間《ねんかん》です。

ところで、私立《しりつ》と公立《こうりつ》の違《ちが》いを説明《せつめい》できますか。（　　　　）学校《がっこう》は、都道府県《とどうふけん》や（　　　　）などの地方公共団体《ちほうこうきょうだんたい》が設立《せつりつ》し管理《かんり》する学校《がっこう》のことです。国《くに》が設立《せつりつ》し管理《かんり》する場合《ばあい》は、国立《こくりつ》と呼《よ》びます。設立《せつりつ》とは、簡単《かんたん》に言《い》えば「つくる」ことです。たとえば、横浜市立《よこはましりつ》○○小学校《しょうがっこう》は、横浜市《よこはまし》がつくった学校《がっこう》ということです。

これに対《たい》して、（　　　　）学校《がっこう》は、学校法人《がっこうほうじん》などが設立《せつりつ》し管理《かんり》する学校《がっこう》のことです。（　　　　）学校《がっこう》とくらべると、在学中《ざいがくちゅう》、よりお金《かね》がかかるのが一般的《いっぱんてき》です。

〈語群《ごぐん》〉 3　高等学校《こうとうがっこう》　4　市区町村《しくちょうそん》　公立《こうりつ》　専門学校《せんもんがっこう》
義務教育《ぎむきょういく》　私立《しりつ》　短期大学《たんきだいがく》　6・3・3・4制《せい》

〈解答《かいとう》〉

❶（順《じゅん》に）

義務教育《ぎむきょういく》、3、高等学校《こうとうがっこう》、3、4、6・3・3・4制《せい》、高等学校《こうとうがっこう》、公立《こうりつ》、高等学校《こうとうがっこう》、専門学校《せんもんがっこう》、4、短期大学《たんきだいがく》、公立《こうりつ》、市区町村《しくちょうそん》、私立《しりつ》、公立《こうりつ》

〈解説《かいせつ》〉

高等学校《こうとうがっこう》は、通常《つうじょう》、「高校《こうこう》」と呼《よ》ばれます。短期大学《たんきだいがく》は、通常《つうじょう》、「短大《たんだい》」と呼《よ》ばれます。

義務教育《ぎむきょういく》という言葉《ことば》の「義務《ぎむ》」は、「しなければならないこと」という意味《いみ》ですが、「児童《じどう》・生徒《せいと》が学校《がっこう》に通《かよ》う義務《ぎむ》」ではなく、「保護者《ほごしゃ》が（その保護《ほご》する子《こ》を）学校《がっこう》に通《かよ》わせる義務《ぎむ》※」（※正確《せいかく》には、普通教育《ふつうきょういく》を受《う》けさせる義務《ぎむ》）を意味《いみ》します。つまり、学習義務《がくしゅうぎむ》ではなく教育義務《きょういくぎむ》、勉強《べんきょう》しなければならない義務《ぎむ》ではなく勉強《べんきょう》させなければならない義務《ぎむ》です。正確《せいかく》な意味《いみ》をこの機会《きかい》に覚《おぼ》えておきましょう。

〈知識《ちしき》を広《ひろ》げる！〉

ところで、幼稚園《ようちえん》と保育園《ほいくえん》（保育所《ほいくじょ》）は、どう違《ちが》うのでしょう。少《すこ》し難《むずか》しい部分《ぶぶん》もありますが、整理《せいり》してみましょう。

〈幼稚園《ようちえん》〉学校教育法《がっこうきょういくほう》に基《もと》づく「学校《がっこう》」の一《ひと》つ
〈保育園《ほいくえん》〉児童福祉法《じどうふくしほう》に基《もと》づく「児童福祉施設《じどうふくししせつ》」の一《ひと》つ
〈幼稚園《ようちえん》〉3歳《さい》から、小学校《しょうがっこう》に入《はい》る前《まえ》までの子《こ》が対象《たいしょう》
〈保育園《ほいくえん》〉0歳《さい》から、小学校《しょうがっこう》に入《はい》る前《まえ》までの子《こ》が対象《たいしょう》
〈幼稚園《ようちえん》〉1日《にち》に4時間《じかん》（教育《きょういく》・保育《ほいく》の時間《じかん》）
〈保育園《ほいくえん》〉1日《にち》に8時間《じかん》（教育《きょういく》・保育《ほいく》の時間《じかん》）

時間《じかん》に関《かん》しては、あくまでも標準《ひょうじゅん》の時間《じかん》です。特《とく》に保《ほ》育園《いくえん》については、8時間以上《じかんいじょう》の延長保育《えんちょうほいく》がなされていることも多々《たた》あります。また、幼稚園《ようちえん》と保育園《ほいくえん》は働《はたら》きが似《に》ている部分《ぶぶん》も多《おお》く、別々《べつべつ》であることのデメリットを解消《かいしょう》するため、「幼保一元化《ようほいちげんか》（幼保一体化《ようほいったいか》）」への動《うご》きもあります。また、平成《へいせい》18年以降《ねんいこう》、就学前教育《しゅうがくまえきょういく》・保育《ほいく》の新《あたら》しい場《ば》として、「認定子《にんていこ》ども園《えん》」もスタートしています。

幼稚園《ようちえん》・保育園等《ほいくえんとう》について、あなたは、どこに通《かよ》っていましたか（全《まった》く通《かよ》っていなかった場合《ばあい》もあるでしょう）。そして、あなたが通《かよ》っている学校《がっこう》は、公立《こうりつ》ですか、私立《しりつ》ですか。どこが設立《せつりつ》したのですか。こういったことを確《たし》かめることは、とても大切《たいせつ》なことだと言《い》えます。

Part3

12

応用《おうよう》❶〈復習問題《ふくしゅうもんだい》〉

月	日

ランク

正解《せいかい》14～18個《こ》 A

正解《せいかい》9～13個《こ》 B

正解《せいかい》0～8個《こ》 C

❶ ここまでに学《まな》んできた内容《ないよう》を復習《ふくしゅう》します。それぞれの空欄《くうらん》を考《かんが》えて埋《う》めなさい。欄内《らんない》に言葉《ことば》が書《か》かれている場合《ばあい》は、いずれかを選《えら》んでマルをつけなさい。

① 明後日《あさって》は、一昨日《おととい》の（　　）日後《かご》です。

② 50年《ねん》は半世紀《はんせいき》、25年《ねん》は（　　　　）と表《ひょう》現《げん》できます。

③ ３６００秒《びょう》は、（　　）時間《じかん》です。

④ 客席《きゃくせき》から見《み》て舞台《ぶたい》の右《みぎ》のほうを（　　　　）と呼《よ》び、左《ひだり》のほうを（　　　　）と呼《よ》びます。

⑤ B５サイズの紙《かみ》を４枚《まい》並《なら》べた大《おお》きさのポスターと、A３サイズのカレンダーとをくらべたとき、大《おお》きいのは（ポスター・カレンダー）です。

⑥ 発行部数《はっこうぶすう》の順《じゅん》に日本《にほん》の二大全国紙《にだいぜんこくし》を挙《あ》げるならば、（　　　　）新聞《しんぶん》と（　　　　）新聞《しんぶん》です。

⑦ 母《はは》の妹《いもうと》の息子《むすこ》は、私《わたし》の（従兄弟《いとこ》・甥《おい》）です。

⑧ 日本《にほん》を八《やっ》つの地方《ちほう》に分《わ》けると、北海道地方《ほっかいどうちほう》、（　　　　）地方《ちほう》、関東地方《かんとうちほう》、（　　　　）地方《ちほう》、近畿《きんき》地方《ちほう》、（　　　　）地方《ちほう》、四国地方《しこくちほう》、（　　　　）地方《ちほう》となります。

⑨ 室町時代《むろまちじだい》、平安時代《へいあんじだい》、江戸時代《えどじだい》を、期間《きかん》の長《なが》い順《じゅん》に並《なら》べ替《か》えると、（　　　　）時代《じだい》、（　　　　）時《じ》代《だい》、（　　　　）時代《じだい》となります。

⑩ 被害者《ひがいしゃ》の主《おも》な死因《しいん》は、関東大震災《かんとうだいしんさい》が（　　　　）、阪神《はんしん》・淡路大震災《あわじだいしんさい》が家屋《かおく》・建物《たてもの》の倒壊《とうかい》、東日本大震災《ひがしにほんだいしんさい》が（　　　　）となっています。

〈解答《かいとう》〉

❶（⑧は順不同《じゅんふどう》）

①４ ②四半世紀《しはんせいき》 ③１ ④上手《かみて》、下手《しもて》 ⑤ポスター

⑥読売《よみうり》、朝日《あさひ》 ⑦従兄弟《いとこ》 ⑧東北《とうほく》、中部《ちゅうぶ》、中国《ちゅうごく》、九州《きゅうしゅう》

⑨平安《へいあん》、江戸《えど》、室町《むろまち》 ⑩火災《かさい》、津波《つなみ》

〈解説《かいせつ》〉

それぞれ、参照《さんしょう》すべきページを書《か》いておきます。復習《ふくしゅう》しましょう。

①10ページ ②13ページ ③13ページ ④15ページ

⑤19ページ ⑥77ページ ⑦47ページ ⑧51ページ

⑨53ページ ⑩55ページ

③３６００秒《びょう》は60分《ぷん》。60分《ぷん》は１時間《じかん》です。

⑤Ｂ５を２枚並《まいなら》べるとＢ４になります。

Ｂ４を２枚並《まいなら》べるとＢ３になります。

Ｂ３とＡ３では、Ｂ３のほうが大《おお》きいわけです。

⑨平安時代《へいあんじだい》が３９１年間《ねんかん》、江戸時代《えどじだい》が２６５年間《ねんかん》、室町《むろまち》時代《じだい》が２３５年間《ねんかん》、続《つづ》きました。

〈知識《ちしき》を広《ひろ》げる！〉

さて、ここでは、次《つぎ》の問題《もんだい》について、前置《まえお》きをしておきます。

91ページの問題《もんだい》が求《もと》めている「常識《じょうしき》」は、これまでと少《すこ》し違《ちが》っています。これまでは、辞書《じしょ》・事典《じてん》に載《の》っているような、「事実《じじつ》」としての常識《じょうしき》を扱《あつか》ってきました。しかし、ここでは、辞書《じしょ》・事典《じてん》にはあまり載《の》っていないような、「考《かんが》え方《かた》・意見《いけん》・判断《はんだん》」としての常識《じょうしき》を扱《あつか》っています。

そんなものに〝答《こた》え〟があるのか、と疑問《ぎもん》がわくかもしれません。

たしかに、「こう考《かんが》えるのが常識的《じょうしきてき》だ」というのは単《たん》なる方向性《ほうこうせい》であり、絶対《ぜったい》のものではありません。

しかし、どこの国《くに》・いつの時代《じだい》でも、より多《おお》くの人《ひと》が「常識《じょうしき》」と考《かんが》える方向性《ほうこうせい》は、ある程度決《ていどき》まっています。

それを知《し》っておくことが、ものごとを論理的《ろんりてき》に考《かんが》えるための近道《ちかみち》となります。

さらに言《い》えば、「この常識《じょうしき》は間違《まちが》っているのではないか」と、あえて常識《じょうしき》を疑《うたが》い、逆説的《ぎゃくせつてき》に新《あたら》しい考《かんが》え方《かた》を生《う》み出《だ》していくためにも、やはり、その疑《うたが》うべき常識《じょうしき》を先《さき》に知《し》っておくことが大切《たいせつ》になるのです。

さあ、じっくり考《かんが》えてみてください。

Part3 13

応用《おうよう》②〈意見《いけん》・判断《はんだん》としての常識《じょうしき》〉

月　日

ランク

正解《せいかい》10～14個《こ》 A

正解《せいかい》5～9個《こ》 B

正解《せいかい》0～4個《こ》 C

❶ 次《つぎ》のそれぞれの（　）には、反対語《はんたいご》が入《はい》ります。ふさわしい言葉《ことば》をあとの語群《ごぐん》から選《えら》び、書《か》き入《い》れなさい。また、【　】には、⊕か⊖が入《はい》ります。それぞれの反対語《はんたいご》の意味《いみ》をくらべてみたとき、一般的《いっぱんてき》に多《おお》くの日本人《にほんじん》が「より大切《たいせつ》だ」「より価値《かち》が高《たか》い」と考《かんが》えているほうに⊕を、そうでないほうに⊖を、それぞれ書《か》き入《い》れなさい。例《れい》を参考《さんこう》にすること。語群《ごぐん》には、答《こた》えに用《もち》いない言葉《ことば》も含《ふく》まれています。

例《れい》 （【⊕】明《あか》るい）↔（【⊖】暗《くら》い）

① （【　】自《し》然《ぜん》）↔（【　】　）

② （【　】多様性《たようせい》）↔（【　】　）

③ （【　】つなぐ）↔（【　】　）

④ （【　】物《ぶっ》質《しつ》）↔（【　】　）

⑤ （【　】積極的《せっきょくてき》）↔（【　】　）

⑥ （【　】形《けい》式《しき》）↔（【　】　）

⑦ （【　】まねをする）↔（【　】　）

〈語群《ごぐん》〉 消極的《しょうきょくてき》　精神《せいしん》　そむく　切《き》る　内容《ないよう》
生《う》み出《だ》す　人工《じんこう》　はりつける　画一性《かくいつせい》

〈解答《かいとう》〉

❶ (⊕⊖は、それぞれ【上《じょう》】【下《げ》】の順《じゅん》。二《ふた》つともできて一《ひと》つの正解《せいかい》)

①人工《じんこう》、⊕⊖　②画一性《かくいつせい》、⊕⊖　③切《き》る、⊕⊖

④精神《せいしん》、⊖⊕　⑤消極的《しょうきょくてき》、⊕⊖　⑥内容《ないよう》、⊖⊕

⑦生《う》み出《だ》す、⊖⊕

〈解説《かいせつ》〉

まずは、90ページ〈知識《ちしき》を広《ひろ》げる！〉を、しっかり読《よ》みましょう。

〈知識《ちしき》を広《ひろ》げる！〉

①と④は、意味《いみ》が似通《にかよ》っています。科学技術《かがくぎじゅつ》や機械文明《きかいぶんめい》のような「人工的《じんこうてき》・物質的《ぶっしつてき》」な価値《かち》よりも、地球《ちきゅう》の自然《しぜん》や精神文化《せいしんぶんか》のような「自然的《しぜんてき》・精神的《せいしんてき》」な価値《かち》を重視《じゅうし》すべきであるという主張《しゅちょう》が、一般的《いっぱんてき》です。ビルを次々《つぎつぎ》と建設《けんせつ》するよりも自然環境《しぜんかんきょう》の保護《ほご》を大切《たいせつ》に、といった発想《はっそう》です。このことは、③とも関連《かんれん》があります。情報技術《じょうほうぎじゅつ》（ＩＴ《アイティー》）が進化《しんか》した今《いま》、私《わたし》たちは他者《たしゃ》と直接《ちょくせつ》つながらなくても（対面《たいめん》しなくても）、パソコンや携帯端末《けいたいたんまつ》を使《つか》ってコミュニケーションできます。しかし、だからこそ、実際《じっさい》に人《ひと》と人《ひと》とが対面《たいめん》し、五感《ごかん》を開《ひら》いて他者《たしゃ》とつながることの大切《たいせつ》さを忘《わす》れてはならないという考《かんが》え方《かた》が、私《わたし》たちの根底《こんてい》に流《なが》れています。切《き》れているよりつながっていること、言《い》いかえれば、デジタルな関係《かんけい》よりアナログな関係《かんけい》を大切《たいせつ》にすべきだと考《かんが》えているということです。

②・⑥・⑦も、関連《かんれん》があります。多様性《たようせい》とは、言《い》いかえれば個性《こせい》のことです。個々《ここ》が同《おな》じであること（画一《かくいつ》性《せい》・一様性《いちようせい》）よりも、それぞれに違《ちが》いがあること（多様《たよう》性《せい》）を、現代《げんだい》の日本人《にほんじん》は重視《じゅうし》しようとしています。皆《みな》が同《おな》じ服《ふく》を着《き》て同《おな》じ仕事《しごと》をし続《つづ》けるような状態《じょうたい》は、「形式《けいしき》」重視《じゅうし》です。こういう状態《じょうたい》では、何《なに》かを「生《う》み出《だ》す」創造性《そうぞうせい》は生《う》まれにくいと考《かんが》えられます。一方《いっぽう》、どんな服《ふく》でどう仕事《しごと》をするかといった「形式《けいしき》」にとらわれず、何《なに》をするか、何《なに》を目的《もくてき》にするかという「内容《ないよう》」を重視《じゅうし》し、個々《ここ》のやり方《かた》に任《まか》せれば、「まね」ではない新《あたら》しい創造《そうぞう》が生《う》まれる――そう考《かんが》えるわけです。

ただし、これらの「常識《じょうしき》」は全《すべ》て、逆説化《ぎゃくせつか》（逆《ぎゃく》の正《ただ》しさを主張《しゅちょう》すること）も可能《かのう》です。それが新《あたら》しい世界《せかい》を創《つく》る第一歩《だいいっぽ》にもなるということを、覚《おぼ》えておきましょう。

Part3 **14**

応用《おうよう》③〈比喩《ひゆ》の活用《かつよう》〉

月　日

ランク

正解《せいかい》4〜5個《こ》 A

正解《せいかい》2〜3個《こ》 B

正解《せいかい》0〜1個《こ》 C

❶ 比喩《ひゆ》として使《つか》われることの多《おお》いスポーツ用語《ようご》を用《もち》いて、短文《たんぶん》を書《か》きます。それぞれ、指定《してい》された言葉《ことば》を用《もち》いて、欄《らん》に収《おさ》まる程度《ていど》の長《なが》さの短作文《たんさくぶん》を書《か》きなさい。なお、【〜ページ】とあるのは、その用語《ようご》が登場《とうじょう》したページです。意味《いみ》を参照《さんしょう》してから書《か》きましょう。

① ピンチヒッター【23ページ】

② 9回《かい》2アウト【25ページ】

③ 空振《からぶ》り【25ページ】

④ イエローカード【27ページ】

⑤ オウンゴール【27ページ】

〈解答例《かいとうれい》〉

❶（おおむね正《ただ》しい使《つか》い方《かた》で書《か》かれていればマル）

①早退《そうたい》した友《とも》だちのピンチヒッターとして、私《わたし》が児童会《じどうかい》に出席《しゅっせき》することになった。

②インフルエンザにかかってから今日《きょう》で1週間《しゅうかん》。ようやく回復《かいふく》し、あとは咳《せき》が消《き》えれば完治《かんち》という9回《かい》2アウトの状態《じょうたい》だったが、無理《むり》をして遠出《とおで》したせいで、また体調《たいちょう》を乱《みだ》してしまった。

③先生《せんせい》が急《きゅう》に休《やす》んで試験《しけん》が中止《ちゅうし》になったため、せっかく朝《あさ》まで頑張《がんば》った試験勉強《しけんべんきょう》が空振《からぶ》りに終《お》わってしまった。

④真夏《まなつ》のめまいやふらつきはイエローカードです。すぐに水分補給《すいぶんほきゅう》をするようにしましょう。

⑤このクイズに答《こた》えられたらケーキをあげてもいいよ、と自信《じしん》ありげに言《い》ったあとすぐ正解《せいかい》され、ケーキを手放《てばな》すはめになった。言《い》わなきゃよかった。オウンゴールだ。

〈解説《かいせつ》〉

②ここでの例《れい》は、25ページの❶③のような「追《お》い込《こ》まれている立場《たちば》」としてではなく、「追《お》い込《こ》んでいる立場《たちば》」としての使《つか》い方《かた》になっています。

〈知識《ちしき》を広《ひろ》げる！〉

ほかにもさまざまな言葉《ことば》が、比喩的《ひゆてき》に使《つか》われます。例《れい》を挙《あ》げておきます（キックオフ・黒帯《くろおび》については28ページ参照《さんしょう》）。

〈ノーアウト満塁《まんるい》〉※

算数《さんすう》のテストが始《はじ》まった。1問《もん》めも2問《もん》めも3問《もん》めも難《むずか》しくて手《て》がつけられない。ノーアウト満塁《まんるい》のピンチだ。

（※野球《やきゅう》で、ピッチャーが一《ひと》つもアウトをとれないまま塁《るい》を埋《う》められてしまった、大変不利《たいへんふり》な状態《じょうたい》）

〈キックオフ〉

11月《がつ》に入《はい》り、街中《まちじゅう》がイルミネーションだらけになった。クリスマス商戦《しょうせん》、キックオフといったところだろう。

〈黒帯《くろおび》〉

あの子《こ》はまだ中学生《ちゅうがくせい》だが、小《ちい》さい頃《ころ》からパソコンばかりいじってきた。プログラミングの腕《うで》にかけては、今《いま》や黒帯《くろおび》と言《い》ってもいい。

身近《みぢか》な大人《おとな》たち、あるいはテレビの中《なか》の人《ひと》たちが何気《なにげ》なく使《つか》っている言葉《ことば》に耳《みみ》をそばだて、あるいは本《ほん》や新聞《しんぶん》を注意深《ちゅういぶか》く読《よ》む習慣《しゅうかん》を持《も》ち、こういった比喩表現《ひゆひょうげん》を使《つか》いこなせるようにしていきましょう。

【著者略歴】

福嶋隆史（ふくしま・たかし）

株式会社横浜国語研究所・代表取締役

１９７２年、横浜市生まれ。早稲田大学文学部中退。

創価大学教育学部（通信教育部）児童教育学科卒業。

日本言語技術教育学会会員。

公立児童館・学童保育職員、公立小学校教師を経て、２００６年、ふくしま国語塾を創設。

ふくしま国語塾では、「国語力とは論理的思考力である」という明確な定義のもとで、日々の授業を行っている。長い文章をだらだらと読んだり書いたりするような旧来の方法ではなく、論理的思考の「型」の習得に重点を置き、短い文章の読み書きを徹底的に行うことによって言語技術を高める。その結果として、生徒は、大人になってからも自分の人生を支えてくれる「スキル」を獲得する。こういった一貫した国語力育成法が高く評価され、他都県からの通塾生も多く、キャンセル待ちが続出している。

また、テレビ・新聞や各種教育系雑誌、ビジネスマン向けの雑誌等で多数特集が組まれ、幅広い支持を得ている。

著書として、『「本当の国語力」が驚くほど伸びる本』『“ふくしま式200字メソッド”で「書く力」は驚くほど伸びる！』『ふくしま式「本当の国語力」が身につく問題集〔小学生版〕』『ふくしま式「本当の国語力」が身につく問題集２〔小学生版〕』『ふくしま式「国語の読解問題」に強くなる問題集〔小学生版〕』『ふくしま式「本当の語彙力」が身につく問題集〔小学生版〕』『わが子が驚くほど「勉強好き」になる本』『「ビジネスマンの国語力」が身につく本』（以上、大和出版）、『論理的思考力を鍛える超シンプルトレーニング』『スペシャリスト直伝！国語科授業成功の極意』（以上、明治図書）、『国語が子どもをダメにする』（中央公論新社）、『Twitterで磨く！ 20代からの「国語力」』（青志社）、『ふくしま式 難関校に合格する子の「国語読解力」』（大和書房）がある。論文掲載雑誌としては、『教育科学国語教育』（明治図書）、ほか多数。

その他、詳細は……

ホームページ　http://www.yokohama-kokugo.com

【参考文献】

『字通』平凡社、『大辞泉』小学館、『新明解国語辞典 第七版』三省堂、

『日本国語大辞典 第二版』小学館、『日本大百科全書』小学館、ほかは本文中に記載

「読む力」「書く力」を支える

ふくしま式《しき》「小学生《しょうがくせい》の必須《ひっす》常識《じょうしき》」が身《み》につく問題集《もんだいしゅう》

2014年3月10日　初版発行

著　者……福嶋隆史《ふくしまたかし》

発行者……大和謙二

発行所……株式会社大和出版

東京都文京区音羽1-26-11　〒112-0013

電話　営業部03-5978-8121／編集部03-5978-8131

http://www.daiwashuppan.com

印刷所／製本所……日経印刷株式会社

ISBN978-4-8047-6238-8

大和出版の出版案内

ホームページアドレス http://www.daiwashuppan.com

偏差値20アップは当たり前！
ふくしま式問題集＆教育書

ふくしま式
「本当の国語力」が身につく問題集［小学生版］

B5判並製／160ページ／本体（1400円＋税）

日本初！
まったく新しい
問題集

ふくしま式
「本当の国語力」が身につく問題集2［小学生版］

B5判並製／160ページ／本体（1400円＋税）

問題の
バリエーションが
さらに充実

ふくしま式
「国語の読解問題」に強くなる問題集［小学生版］

B5判並製／112ページ／本体（1300円＋税）

日本初！
選択肢を
"作らせる"問題集

ふくしま式
「本当の語彙力」が身につく問題集［小学生版］

B5判並製／144ページ／本体（1400円＋税）

日本初！
"反対語"に特化
した問題集

偏差値20アップは当たり前！
「本当の国語力」が驚くほど伸びる本

四六判並製／240ページ／本体（1500円＋税）

作文・感想文・小論文・記述式問題 etc.
"ふくしま式200字メソッド"で「書く力」は驚くほど伸びる！

四六判並製／240ページ／本体（1500円＋税）

テレフォン・オーダー・システム　Tel. 03(5978)8121

ご希望の本がお近くの書店にない場合には、書籍名・書店名をご指定いただければ、指定書店にお届けします。